中南财经政法大学
经济学院博导论丛

科技创新高质量发展论

KEJI CHUANGXIN
GAO ZHILIANG FAZHAN LUN

曾繁华 著

中国财经出版传媒集团
经济科学出版社
Economic Science Press

图书在版编目（CIP）数据

科技创新高质量发展论/曾繁华著．—北京：
经济科学出版社，2020.1
（中南财经政法大学经济学院博导论丛）
ISBN 978 - 7 - 5218 - 1202 - 2

Ⅰ.①科…　Ⅱ.①曾…　Ⅲ.①技术革新 -
中国 - 文集　Ⅳ.①F124.3 - 53

中国版本图书馆 CIP 数据核字（2020）第 008362 号

责任编辑：周秀霞
责任校对：王苗苗
责任印制：李　鹏

科技创新高质量发展论
曾繁华　著
经济科学出版社出版、发行　新华书店经销
社址：北京市海淀区阜成路甲 28 号　邮编：100142
总编部电话：010 - 88191217　发行部电话：010 - 88191522
网址：www.esp.com.cn
电子邮件：esp@esp.com.cn
天猫网店：经济科学出版社旗舰店
网址：http://jjkxcbs.tmall.com
北京季蜂印刷有限公司印装
710×1000　16 开　11.25 印张　210000 字
2020 年 1 月第 1 版　2020 年 1 月第 1 次印刷
ISBN 978 - 7 - 5218 - 1202 - 2　定价：45.00 元
（图书出现印装问题，本社负责调换。电话：010 - 88191510）

目　录

企业层面

产业层面

国家层面

企 业 层 面

我国新三板中小企业融资效率测度研究

一、引言

提质、创新是实现中国经济转型升级的重要抓手，而数量庞大的中小企业则是万众创新的直接参与者，并且中小企业的创新一般都是可直接转化为现实生产力的创新。可以说，中小企业是实现创新型经济发展模式的主体，是促进中国经济发展的根基所在，同时也是中国成功跨越“中等收入陷阱”的重要保障。如何改善中小企业融资现状、提高中小企业融资效率，乃至如何更好地发挥中小企业促进经济结构调整、缓解就业压力、改善民生、活跃市场的作用已然成为我国经济发展亟待解决的问题。中小企业的发展不仅是经济问题，也是民生问题。

新三板市场作为我国广大中小企业在公开市场上进行融资的首选，截至2016年10月19日，其挂牌公司总量已达到9204家，且仍保持高速增长态势。新三板市场的迅速发展引发人们热议，如挂牌新三板的中小企业融资效率究竟如何？在新三板上市是否能够提高企业融资效率，改善企业融资环境？作为我国多层次资本市场体系重要组成部分，新三板是否能够有助于解决长期以来制约中小企业发展的融资难题？基于此，本文以新三板创新层企业为样本企业对新三板企业融资效率进行测评。

二、文献综述

国外文献中几乎不存在企业融资效率这样一个概念。国内关于企业融资效率研究，前期主要集中于理论方面研究，近年来，随着我国资本市场的不断发展与成熟，越来越多的学者倾向于用不同的实证分析方法对企业融资效率进行实证方面研究。

有关企业融资效率理论方面研究主要包括：

（一）对企业融资效率界定

主要包括：（1）从企业成本、收益、融资风险等方面界定企业融资效率。即融资效率是指企业能以最低成本和最低风险为企业融入资金并运用融入资金为企业带来最高收益能力（张雪梅、赛志刚，2009；熊正德、阳芳娟、万军，2014）。[1]51-56 （2）从企业配置效率、融资能力大小等方面界定融资效率。把企业融资过程视为通过资金供求形式所表现的资源配置过程，企业获取资金能力、获取资金规模及获取收益能力实际上反映社会资源配置效率，同时也决定企业融资效率高低（刘海虹，2000；王明华，2000）。[2]31-33 （3）从微观与宏观层次界定融资效率。融资行为本身对企业有影响、对市场乃至整个国家经济环境也施加一定影响，即可从微观和宏观两个层次界定企业融资效率（卢福财，2001；高有才，2003）。[3]12-14

（二）对企业融资效率影响因素研究

主要包括：（1）以融资成本、资金利用率、融资机制、融资主体自由度、企业清偿能力五大基本因素为基础进行分析。企业融资成本、资金利用率、融资机制规范度、融资主体自由度、资金清偿能力、融资风险[4]17-21、融资期限、法人治理结构、宏观经济环境等与融资效率之间都存在不同程度相关性（邓红征、周长信，2003；朱冰心，2005；胡慧娟、李刚，2008；王玉东、邱金明，2012）。[5]27-30 （2）以企业融资政策、企业家管理能力等内部因素为基础进行分析。除宏观经济因素外，还需考虑企业内部因素影响。如：企业治理效率、融资政策选择、董事会职能、激励机制、企业所有人对债务有效性态度及其本人性格等都会对企业融资效率施加一定影响（Romano，Claudio A，2001；公言磊、韩彬、赵博，2003；李冬梅，2007）。[6]21-35 （3）以融资制度、融资政策等外部融资环境为基础进行分析。企业融资效率受制于有效融资制度，融资制度是融资效率高低的基础，企业要想提高融资效率，就要进行融资制度自主创新（高有才，2003；公言磊、丛杨、赵博，2006）。[7]47-48信息不对称、政策支持相对滞后、证券市场不成熟等都加大我国中小企业直接与间接融资难度（Taylor，1988；Steel，1994）。

（三）有关企业融资效率实证方面研究

国内学者多以深交所和上交所挂牌企业为样本企业来研究企业融资效率，以新三板为研究对象文献并不多。在实证方法选取上主要包括如下几种方法：数据包络分析法（DEA）、模糊综合评价法、线性回归分析法、熵值法。（1）数据包络分析法（刘力昌、冯根福、张道宏，2004；杨蕾，2007；李海燕，2013）。（2）模糊综合评价法（胡竹枝、李明月，2005；伍装，2006；邓明然、张润斌，2008；杨海维，2010；董莉莉，2011）。[8]4-7 （3）线性回归分析法（宋增基、张宗益，2003；黄辉，2009）。（4）熵值法（陈家干、衣长军、谢月婷，2003；李冬梅，2006）。

当前国内有关企业融资文献较多，研究视角和研究方法多样，取得了丰富研究成果。但研究成果总体上还是局限于理论方面研究，具有针对性、系统性实证研究却很少，有关新三板中小企业融资效率文献更是较少。基于此，本文创造性地以我国新三板分层制度为基础，利用数据包络分析法的 BCC 模型和 CCR 模型对创新层企业单独年份内整体融资效率、分行业融资效率及上市前后融资效率进行静态分析；并利用 DEA - Malmquist 全要素生产率指数法对样本企业融资效率变化程度及各分解因素效率变化如何影响整体效率变化方向进行了客观、完整描述。此外，本文还运用多元回归分析法对各指标与企业融资效率之间相关性与影响程度进行了统计检验。

三、数据与研究设计

（一）模型介绍

本文对样本企业在单独年份内整体融资效率静态衡量是基于数据包络分析法的 CCR 模型（基于规模收益不变）和 BCC 模型（基于收益可变）来实现的；对样本企业融资效率动态衡量则是通过 Malmquist 生产率指数模型来实现的。模型具体都采用产出导向模型。

（二）指标建立

企业融资效率的投入指标应从企业获取资金能力方面考虑，反映企业融资总量、融资结构及对资金利用三个方面内容。本文具体选取资产总额、资产负债率、营业成本为投入指标。企业融资效率的产出指标则主要应从企业对资金利用效率、成长能力、市场表现及清偿能力这几个方面来进行具体量化分析。本文选择营业收入增长率、净资产收益率、总资产周转率、流动比率、每股收益这五个产出指标。具体投入、产出指标值来源及代表意义如表 1 所示。

表1 投入、产出指标

变量分类	变量名称	变量值来源	变量代表意义
投入变量	资产总额	上市公司年报资产负债表	融资规模
	资产负债率	总负债/总资产×100%	资本结构
	营业成本	上市公司年报利润表	资金使用方式
产出变量	营业收入增长率	(本期主营业务收入-上期主营业务收入)/上期主营业务收入×100%	企业成长能力
	净资产收益率	ROE(杜邦公司)=净利润/净资产=销售利润×资产周转率×权益乘数(财务杠杆)	企业盈利与清偿能力
	总资产周转率	营业收入净额/平均资产总额×100% 平均总资产=(资产总额年初数+资产总额年末数)/2	企业资产运营效率
	流动比率	流动资产/流动负债	企业偿债能力、偿债风险
	每股收益	上市公司年报利润表	企业市场表现

(三)样本选择与数据来源

1. 样本选择。

自2016年6月27日起，我国新三板正式实施分层管理，将我国新三板9786家挂牌企业划分成了基础层和创新层，其中进入创新层企业有953家。本文效率测度正是以此次进入创新层的挂牌企业为基础，截取创新层中挂牌日期在2014年12月31日前的353家企业为样本，对我国新三板中小企业整体融资效率进行评估。

综合考虑投入、产出各项数据准确性、时效性和可获性，本文在实证过程中剔除芳迪环保、先大药业、美诺福等9家财务数据不全企业，最终确定用于实证分析样本企业实际数量为344家。样本企业包括如下行业：信息技术业114家，制造业147家，传播与文化产业7家，采掘业3家，社会服务业30家，建筑业19家，农、林、牧、渔业12家，电力、煤气及水的生产和供应业2家，交通运输、仓储业3家，批发和零售贸易6家，金融、保险业1家。

2. 数据来源。

本文样本企业相关数据均来源于我国中小企业股份转让系统网站、Wind资讯金融终端。

由于MaxDEA软件的应用要求导入投入、产出数据均为正值，而本文选取产出指标营业收入增长率、净资产增长率等均可能为负值，此外资产总额、营业成本与其他指标数据间也存在巨大差异，不处于相同数量及范围，直接运算会降低整个模型分析结果准确性、产生较大误差。因此，在导入运行数据之前有必要对所有投入和产出指标数据进行无量纲化处理，将所有数据划归到［0，1］无量纲区间。研究中具体采用如下方法对原始数据进行处理：

$$x_{ij}^* = 0.1 + \frac{x_{ij} - \min_i(x_{ij})}{\max_i(x_{ij}) - \min_i(x_{ij})} \times 0.9 \tag{1}$$

其中，x_{ij}为样本企业原始投入（产出）数据值，x_{ij}^*为经量纲化处理后投入（产出）数据值；$\min_i(x_{ij})$为某一投入或产出指标值最小值，$\max_i(x_{ij})$为该指标值中最大值；上述无量纲化处理没有改变数据意义，对模型结果也没有任何实质性影响。[9]7

四、实证回归与结果分析

通常，对于综合技术效率和纯技术效率高低划分，有如下梯度划分标准，具体见表2。

表2　融资效率指标说明

融资效率区间分布	$0<H<0.5$	$0.5\leqslant H<0.8$	$0.8\leqslant H<1$	$H=1$
融资效率等级	低效率	较低效率	较高效率	最佳效率

当效率值 $H=1$ 时，① 融资处于效率最佳状态，达到帕累托最优，规模与收益达到最优匹配；当 $0<H<0.5$ 时，融资处于低效率区间，融资效果较差，企业资金完全不能得到有效利用；当 $0.5\leqslant H<0.8$ 时，融资处于较低效率区间，资金利用状况比上一阶段有所好转，但仍需在资金与企业规模之间进行适当调整；当 $0.8\leqslant H<1$ 时，融资处于较高的效率区间，虽未达到最佳融资效率，但是企业融资得到较合理的利用。

由数据包络分析法得出纯技术效率（PTE）、综合技术效率（TE）、规模效率（SE）之间存在着 TE = PTE × SE 关系，即综合技术效率高低是由纯技术效率和规模效率共同决定的。其中，PTE 侧重于反映企业当前点融资效率水平和在规模收益变化条件下企业生产前沿面水平之间差距。TE 还包含了规模效率影响，规模效率说明的是企业生产规模扩张或者收缩对融资效率影响。

① 在投入导向模型中效率值 $Score=\theta^*$；在产出导向模型中效率值 $Score=1/\varphi^*$。本文采用的是产出导向型，因此效率值 $Score=1/\varphi^*$，为方便起见本文中的 $H=1/\varphi^*$。

此外，如果企业融资综合技术效率值等于1，则被评价企业融资效率为DEA有效，此时企业融资技术效率和规模效率都是最佳的；如果不等于1，则说明在当前技术水平下，企业融资资金规模收益未充分发挥作用，投入冗余，此时企业要更加注重发挥其融资规模经济效益，合理调整融资规模。

（一）融资效率的静态分析

基于344家样本企业无量纲标准化后的投入、产出数据，本文利用MaxDEA Basic 6.13软件中的CCR模型计算样本企业在2013年至2015年间TE，用BCC模型计算PTE，两者比值则为规模效率值SE。表3、表4和表5为经整理过后的实证结果。

表3　　样本企业2013年、2014年、2015年融资效率值分布

2013年		综合技术效率（TE）		纯技术效率（PTE）		规模效率（SE）	
		企业数	比例	企业数	比例	企业数	比例
有效	H=1	13	3.8%	25	7.3%	13	3.8%
非有效	0<H<0.5	153	44.5%	96	27.9%	6	1.7%
	0.5≤H<0.8	161	46.8%	189	54.94%	76	22.1%
	0.8≤H<1	17	4.9%	34	9.9%	249	72.4%
总计		344	100%	344	100%	34	100%
2014年		综合技术效率（TE）		纯技术效率（PTE）		规模效率（SE）	
		企业数	比例	企业数	比例	企业数	比例
有效	H=1	13	3.8%	25	7.3%	13	3.8%
非有效	0<H<0.5	153	44.5%	96	27.9%	6	1.7%
	0.5≤H<0.8	161	46.8%	189	54.94%	76	22.1%
	0.8≤H<1	17	4.9%	34	9.9%	249	72.4%
总计		344	100%	344	100%	34	100%
2015年		综合技术效率（TE）		纯技术效率（PTE）		规模效率（SE）	
		企业数	比例	企业数	比例	企业数	比例
有效	H=1	14	4.1%	26	7.6%	14	4.1%
非有效	0<H<0.5	54	15.7%	0	0	18	5.2%
	0.5≤H<0.8	211	61.3%	216	62.8%	90	26.2%
	0.8≤H<1	65	18.9%	102	29.6%	222	64.5%
总计		344	100%	344	100%	34	100%

数据来源：根据2013~2015年实证分析结果，经整理而成。

表 4　　样本企业 2013 年、2014 年、2015 年规模报酬分析

规模报酬	2013 年		2014 年		2015 年	
	企业数	比例	企业数	比例	企业数	比例
Decreasing	181	52.6%	268	77.9%	283	82.3%
Increasing	150	43.6%	55	16%	47	13.6%
Constant	13	3.8%	21	6.1%	14	4.1%

数据来源：根据 2013 年、2014 年、2015 年实证分析结果，经整理而成。

表 5　　不同行业 2013 年、2014 年、2015 年融资效率值分布　　单位：企业数

2013 年		建筑业			社会服务业			信息技术业			制造业		
		TE	PTE	SE	TE	PTE	SE	TE	PTE	SE	TE	PTE	SE
有效	H = 1	0	0	0	1	3	1	8	16	8	4	6	4
非有效	0 < H < 0.5	13	10	1	6	6	0	30	16	2	84	49	2
	0.5 ≤ H < 0.8	6	9	8	20	13	5	67	67	22	55	84	33
	0.8 ≤ H < 1	0	0	10	3	8	24	9	15	82	4	8	108
2014 年		建筑业			社会服务业			信息技术业			制造业		
		TE	PTE	SE	TE	PTE	SE	TE	PTE	SE	TE	PTE	SE
有效	H = 1	0	0	0	2	4	2	12	18	12	6	11	6
非有效	0 < H < 0.5	13	3	4	8	4	0	28	12	1	77	29	4
	0.5 ≤ H < 0.8	4	14	10	16	19	5	65	71	12	61	102	39
	0.8 ≤ H < 1	2	2	5	4	3	23	9	13	89	3	5	98
2015 年		建筑业			社会服务业			信息技术业			制造业		
		TE	PTE	SE	TE	PTE	SE	TE	PTE	SE	TE	PTE	SE
有效	H = 1	1	3	1	1	1	1	5	12	5	7	10	7
非有效	0 < H < 0.5	4	0	2	8	0	3	17	0	4	19	0	6
	0.5 ≤ H < 0.8	8	10	4	17	18	9	68	71	29	95	92	39
	0.8 ≤ H < 1	6	6	12	4	11	17	24	31	76	26	45	95

数据来源：根据 2013 年、2014 年、2015 年实证分析结果，经整理而成。

1. 按时间分析。

（1）融资效率评析。

分析表 3 统计结果不难发现，我国新三板创新层 344 家样本企业 2013 年融资综合效率值低于 0.8 的企业占比高达 91.3%，纯技术效率值低于 0.8 的企

业占比高达82.84%。融资处于最佳效率，既达到技术有效又达到规模有效，实现投入最小和产出最大化的企业只有13家（TE =1）。2014年和2015年融资的情况也不容乐观。整体来看，目前我国新三板创新层中小企业融资效率水平低，大部分企业融资存在投入过度，规模效率缺失，技术研发水平相对落后等问题。

（2）规模报酬分析。

从2013年至2015年进入规模报酬递减阶段样本企业数量越来越多，到2015年344个样本企业中规模报酬递减企业有283家，占比高达82.3%，处于规模报酬递增的企业占比却越来越低，只有少部分企业处于规模报酬不变阶段。即我国新三板大部分企业在扩大融资规模时既受到资本市场约束又受到其他的多重约束，企业内部也存在资本管理、信息传递、内部控制等多方面效率低下的问题。

2. 按行业分析。

分析表5不同行业2013年至2015年融资效率可知，新三板不同行业企业的融资效率总体存在较大差异，并且都处于融资低效状态。相对来说，高科技信息技术业融资综合技术效率最高，且呈不断增长态势；社会服务业融资综合技术效率基本保持不变；建筑业、制造业2015年融资综合技术效率增长明显。

3. 上市前后融资效率对比。

本部分样本企业是在原有344家样本企业中截取挂牌日期在2014年1月1日至2014年12月31日的261家企业为子样本，对挂牌前一年（2013年）和挂牌后一年（2015年）样本企业融资效率变化对比进行分析。

综合分析表6发现，新三板创新层企业在上市前后融资综合技术效率、纯技术效率和规模效率均有提高。上市前（2013年）样本企业综合技术效率值等于1，融资完全有效，达到帕累托最优的样本企业只有13家（占比5%），上市后（2015年）样本企业综合技术效率值为1样本企业上升为17家（占比6.5%）。

从平均值看，样本企业上市前后TE、PTE和SE平均值均比上市后样本企业TE、PTE和SE平均值高。从表6对比分析可以看出，造成样本企业上市后融资效率平均值低于上市前融资效率平均值原因主要是因为上市后大部分企业纯技术效率值都有降低，并且存在规模效率缺失，而只有少部分企业融资整体处于较好状态，企业融资两极分化明显。

（二）融资效率的动态分析

为了更客观、更完整对样本企业间效率变化方向进行刻画、增加可比性，进一步引入DEA的Malmquist指数模型，将2013~2015年截面数据变为面板数据计算全要素生产率指数，描述被评价企业融资效率在时间序列上动态变化。

表 6 上市前后融资效率对比

2013 年（上市前）		综合技术效率（TE）		纯技术效率（PTE）		规模效率（SE）	
		企业数	比例	企业数	比例	企业数	比例
有效	H = 1	13	5%	25	9.6%	13	5%
非有效	0 < H < 0.5	25	9.6%	0	0	12	4.6%
	0.5≤H < 0.8	117	44.8%	37	14.2%	56	21.4%
	0.8≤H < 1	106	40.6%	199	76.2%	180	69%
总计		261	100%	261	100%	34	100%
2014 年（上市年）		综合技术效率（TE）		纯技术效率（PTE）		规模效率（SE）	
		企业数	比例	企业数	比例	企业数	比例
有效	H = 1	17	6.5%	28	10.7%	17	6.5%
非有效	0 < H < 0.5	108	41.4%	31	11.9%	10	3.8%
	0.5≤H < 0.8	120	46%	180	69%	66	25.3%
	0.8≤H < 1	16	6.1%	22	8.4%	168	64.4%
总计		261	100%	261	100%	261	100%
2015 年（上市后）		综合技术效率（TE）		纯技术效率（PTE）		规模效率（SE）	
		企业数	比例	企业数	比例	企业数	比例
有效	H = 1	17	6.5%	33	12.6%	17	6.5%
非有效	0 < H < 0.5	42	16.1%	0	0	16	6.1%
	0.5≤H < 0.8	151	57.9%	144	55.2%	73	28%
	0.8≤H < 1	51	19.5%	84	32.2%	155	59.4%
总计		261	100%	261	100%	261	100%

数据来源：根据子样本 2013 年、2014 年、2015 年实证分析结果，经整理而成。

1. 融资效率动态变化总体分析。

表 7 为经对实证结果整理后所得 2013 ~ 2014 年，2014 ~ 2015 年样本企业的 Malmquist 全要素生产率指数。以 2013 年为基期，即 2013 年的 Malmquist 指数为 1，从表 7 可以看出，2014 年和 2015 年样本企业的全要素生产率指数几何平均值分别为 0.94 和 1.14，均值为 1.04。根据 Malmquist 全要素生产率指数变化可以发现，2014 年样本企业融资效率较基期有所下降，而 2015 年样本企业融资效率却在 2013 年基础上有了一定幅度增长。

表7　2013～2015年融资效率Malmquist指数变化及其分解

时间	纯技术效率变化指数（PEC）	规模效率变化指数（SEC）	纯技术进步指数（PTC）	规模技术变化指数（STC）	全要素生产率指数（MI）
2013～2014	1.05	0.98	0.91	1	0.94
2014～2015	1.24	0.97	0.91	1.04	1.14
均值	1.145	0.975	0.91	1.02	1.04

数据来源：依据实证结果，经整理而成；表中数据均为保留两位小数的几何平均值。

将全要素生产率指数进一步分为技术进步指数和技术效率变化指数后发现，表中样本企业纯技术进步指数较基期下降9%，技术衰退明显，同时也说明2014年样本企业在技术创新上面没有取得突破性的进展。2015年样本企业的全要素生产率指数有了一定幅度增长。PTE指数反映的是企业利用现有投入进行生产所能带来产出能力，这说明2015年样本企业融资决策是有效的，对融资规模管理和对资金运用能力有了提高，促使企业取得初步发展；但2014年和2015年纯技术进步指数都为0.91，与基期相比，技术衰退明显，这也说明2015年样本企业纯技术效率改善主要是来自规模技术进步，而非技术进步。

从各指数均值看，样本企业全要素生产率指数均值大于1，企业融资效率有了小幅提升。造成样本企业融资效率有小幅上升原因是企业纯技术效率进步明显，造成样本企业融资效率增长幅度不明显主要原因是企业近两年的纯技术进步指数较基期有所下降。

2. 按行业分析。

总结各行业分析（表8）可以发现，我国新三板建筑业和社会服务业融资效率在2014年都下降了，在2015年都出现小幅增长；社会服务业和制造业2014年融资效率基本保持不变，2015年均出现小幅增长。造成融资效率下降原因主要是企业技术创新能力衰退，造成融资效率增长原因则是企业纯技术效率相对提高，但纯技术效率提高主要源于规模技术增长。综合来看，各行业技术进步指数都小于1，即造成我国新三板中小企业融资效率低最主要原因是技术水平低，自主研发能力不够，大力加强技术创新，是企业突破融资瓶颈最主要的法宝。

表8　2013～2015年不同行业融资效率Malmquist指数变化及其分解

行业	2013～2014年					2014～2015年				
	PEC	SEC	PTC	STC	MI	PEC	SEC	PTC	STC	MI
建筑业	1.13	0.9	0.83	1.1	0.91	1.3	0.95	0.92	1.03	1.13
社会服务业	1.01	1.02	0.98	0.97	0.95	1.21	0.98	0.87	1.15	1.13

续表

行业	2013~2014年					2014~2015年				
	PEC	SEC	PTC	STC	MI	PEC	SEC	PTC	STC	MI
信息技术业	1.04	1.04	1	0.97	1	1.22	0.99	0.9	1.08	1.14
制造业	1.09	0.97	0.92	1.04	1	1.32	0.98	0.93	1.04	1.22

数据来源：依据实证结果，经整理而成；表中数据均为保留两位小数的几何平均值。

3. 上市前后融资效率动态对比分析。

以样本企业上市前一年（2013年）为基期，即2013年的Malmquist指数为1，从表9可以看出，挂牌当年（2014年）样本企业融资效率下降了，下降主要源于企业纯技术效率指数过低。从纯技术进步指数看，企业在挂牌当年技术创新水平较挂牌前有提高，因此纯技术效率指数过低可能是因为企业当年融资决策不当，存在盲目扩大融资规模、融资成本过高、融资资金利用率低等。

表9　　样本企业上市前后融资效率Malmquist指数变化及其分解

时间	纯技术效率变指数（PEC）	规模效率变化指数（SEC）	纯技术进步指数（PTC）	规模技术变化指数（STC）	全要素生产率指数（MI）
2013~2014	0.75	0.99	1.21	0.99	0.9
2014~2015	1.26	0.97	0.89	1.01	1.09
均值	1.01	0.98	1.05	1	1

数据来源：依据子样本实证结果，经整理而成；表中的数据均为保留两位小数的几何平均值。

相比挂牌上市前，企业在挂牌上市后2015年融资效率有了小幅增长，增长主要源于企业纯技术效率指数提高。但企业技术创新能力却出现明显下滑，可见企业纯技术效率指数增长主要是由企业规模效率及企业管理能力提高所致。

从均值看，企业挂牌上市前后融资效率几乎没有发生变化。

（三）统计检验

为量化分析融资效率偏低原因，本文运用多元回归分析法分析指标体系中相关指标对企业融资效率实际影响，对新三板中小企业融资效率进行统计检验。

1. 研究假设。

基于净资产收益率、营业收入同比增长率、总资产周转率、流动比率、每股收益、资产总计、资产负债率和营业成本8个投入、产出指标，特提出如下8个研究假设。

假设 1：企业净资产收益率与企业融资效率呈正相关关系。

假设 2：营业收入同比增长率与企业融资效率呈正相关关系。

假设 3：总资产周转率与企业融资效率呈正相关关系。

假设 4：流动比率与企业融资效率呈正相关关系。

假设 5：每股收益与企业融资效率呈正相关关系。

假设 6：资产总额与企业融资效率呈正相关关系。

假设 7：资产负债率与企业融资效率呈负相关关系。

假设 8：营业成本与企业融资效率呈负相关关系。

2. 模型构建。

构建回归模型如下：

$$TE = \beta_0 + \beta_1 X_1 + \beta_2 X_2 + \beta_3 X_3 + \beta_4 X_4 + \beta_5 X_5 + \beta_6 X_6 + \beta_7 X_7 + \beta_8 X_8 \qquad (2)$$

其中综合技术效率值（TE）为因变量，β_0 为常数项，$\beta_1 \sim \beta_8$ 为系数，$X_1 \sim X_8$ 为自变量，即分别代表净资产收益率、营业收入同比增长率、总资产周转率、流动比率、每股收益、资产总计、资产负债率、营业成本。通过利用 R 统计分析软件进行回归分析，进一步检验各指标对企业融资效率影响程度。

3. 回归分析与小结。

经回归分析，自变量 5 和自变量 6 未通过统计检验，即假设 5 和假设 6 存在问题，其余六个自变量与因变量之间存在显著相关性。造成自变量 5 和自变量 6 未通过统计显著性检验原因可能如下：

自变量 5 每股收益，即普通股股东所持有每一股企业股票所能带来的收益或亏损。一方面，由于在新三板创新层上市的中小企业，其获利能力存在很大不确定性，因此每股收益浮动较大。另一方面，新三板市场流动性低会阻碍投资者进入，投资者投资积极性普遍不高，也会导致企业无法通过每股收益提高来改善其融资效率。因此，每股收益对企业融资效率影响不显著。

自变量 6 资产总计，代表企业规模。由于新三板创新层中小企业规模普遍较小，因此企业规模对融资效率影响很小。

表 10 为剔除掉自变量 5 和自变量 6 后回归分析结果。分析表 10 可知，各自变量均通过了统计显著性检验，且净资产收益率、营业收入同比增长率、总资产周转率和流动比率与企业融资效率之间存在正相关关系；资产负债率和营业成本与企业融资效率之间存在负相关关系。回归结果与前文理论分析及假设均相符。

表 10　　剔除自变量 5 和自变量 6 后的多元回归分析结果

Residuals:					
Min	1Q	Median	3Q	MAX	
-0.56365	-0.08512	-0.00291	0.08017	0.55999	
Coefficients:					
	Estimate	Std. Error	t value	Pr (>|t|)	
(Intercept)	0.38114	0.02339	16.293	<2e-16	***
crs $x1	0.42314	0.02088	20.264	<2e-16	***
crs $x2	0.08272	0.00712	11.617	<2e-16	***
crs $x3	0.36145	0.02751	13.137	<2e-16	***
crs $x4	0.26465	0.0679	3.897	0.000104	***
crs $x7	-0.26855	0.02373	-11.316	<2e-16	***
crs $x8	-0.32109	0.04912	-6.537	9.86E-11	***
Signif. codes: 0 '***' 0.001 '**' 0.01 '*' 0.05 '.' 0.1 ' ' 1					
Residual standard error	0.139 on 1025 degrees of freedom				
Multiple R-squared	0.4654		Adjusted R-squared		0.4623
F-statistic	148.7 on 6 1025 DF, lp-value: <2.2e-16				

数据来源：R 软件回归分析结果，经整理而成。

五、主要结论与政策启示

我国新三板中小企业整体融资效率低下，企业上市前后融资效率变动幅度很小。受政府干预、市场障碍、技术创新等因素制约，企业融资很难达到帕累托最优，技术创新对企业融资效率的作用非常明显。对创新层企业融资效率测评发现：企业纯技术进步指数偏低是企业融资效率低的主要原因，即企业在研发、创新方面资金运用效果不理想，企业发展创新动力不足是企业融资效率低的主要原因；技术水平较高的信息技术行业和制造业融资效率相对较高，其他技术创新能力不强或出现技术衰退行业整体融资效率较低。

本文理论分析与实证检验的结论具有明确政策含义。

依靠创新驱动、技术进步才可能提升企业融资效率。技术创新驱动技术进步可以提高企业全要素生产率和投入产出率，企业净资产收益率、营业收入同比增长率等得到提高，从而实现企业融资成本降低和融入资金使用效率提高。（1）政府宏观调控：加大对技术创新投入和技术引导力度。通过完善对企业技术创新的各种贷款优惠政策和财税扶持政策、完善金融服务支持等，优化中小企业经营外部环境，寻求企业整体技术能力的提升和核心技术或关键技术的突破。（2）金融市场支持：中小企业实现技术创新的重要保证。技术创新是一种典型的资本密集型活动，需要大量的资金投入支撑。数量庞大的中小企业相比大型企业更需要通过技术创新避免陷入同质化困境，但技术创新各个阶段都需要大量资金支撑。因此，银行等金融机构的大力支持是中小企业顺利实现技术创新重要保证。（3）提升中小企业自主创新能力。中小企业应转变传统的家族式经营观念，营造推崇创新的企业文化氛围；重视引进人才，制定合理的人才激励机制，积极推进知识产权参与分配，充分发挥人才主动性、创造性；加大创新投入，构建企业、高等院校、科研机构广泛参与的产学研一体化运作机制，实现科研成果转化。[10]106-107（4）科学合理地利用金融工程技术、互联网、大数据征信等改进信贷管理方式和手段，优化信贷流程。金融市场、金融衍生工具的发展和金融技术的不断完善，互联网、大数据等网络技术的兴起为解决中小企业融资效率低下提供了非常规化的解决方案。资本市场金融工具结构改革，金融工具和金融技术的创新，能拓宽中小企业融资方式，改善其融资效率。网络技术的运用，如网络投融资：证券发行者不通过承销商或投资公司而直接通过互联网公开发行公司股票的新融资方式将最大限度地减少融资交易成本，提高资源利用效率，从而实现融资效率提高；大数据技术的运用，能破解中小企业信息不对称，优化中小企业管理模式：基于大数据技术的信用评估体系能够让金融机构从众多交易数据中获取客户的真实信息，从而优化对中小企业信贷流程，同时也迫使中小企业形成更加规范化的经营管理模式。

参考文献

[1] 熊正德，阳芳娟，等．基于两阶段DEA模型的上市公司债权融资效率研究［J］．财务理论与实践，2014，(35).

[2] 王明华．我国储蓄——投资转化中的制度问题［J］．金融信息参考，2000，(07).

[3] 卢福财．企业融资效率分析［M］．北京：经济管理出版社，2001.

[4] 孟丽君．山东省上市中小企业融资效率的实证研究［D］．青岛：中国海洋大学，2012.

[5] 王玉东，邱金明．基于灰色关联分析的CHPP融资效率影响因素及提升策略研究［J］．科技与管理，2012，(05).

[6] Romano，Claudio A，Tanewski，George A，Smymios，Kosmas X. Capital structure decision making a model for family business［J］. Journal of Business Venturing，2001，(03).

[7] 公言磊，丛杨，等．从提高融资效率的角度谈我国融资制度创新［J］．经济研究参

考，2006，(93).

[8] 杨海维．中小企业融资效率的模糊综合评价和实证分析［J］. 华北金融，2010，(10).

[9] 马占新．数据包络分析及其应用案例［M］. 北京：科学出版社，2013.

[10] 王晓宁．促进我国中小企业技术进步的对策研究［J］. 经济论坛，2009，(03).

（与吴阳芬合作，原载《湖北社会科学》2019 年第 1 期）

跨国公司全球技术成长战略模式

跨国公司是“世界经济的引擎”，是经济全球化的主要载体和科技全球化的极其重要的驱动力量。与经济全球化相伴随的是技术全球化和创新的全球化，而技术和创新全球化的主角是跨国公司。全球竞争的新格局是以知识和技术为基础的竞争优势为标志的，而知识和技术的研发、成长、利用及其优势的取得本身又是在市场竞争中取得的。跨国公司技术与创新的全球化是其在国内进行技术与创新激烈竞争发展到一定阶段而溢出国界的产物，同时，跨国公司在全球技术的研发、生产、转让、利用等过程中，因其所面对的全球性的创新市场及创新技术的不确定性，又存在着更为复杂更为激烈的全球技术竞争。与国内技术竞争相比，这种竞争在竞争环境、竞争对手、竞争目标与手段、竞争战略、竞争激烈程度、竞争所造成的影响及后果等方面，都存在着许多重大差异，因而是一种更高级阶段的竞争——全球技术竞争。本文主要分析跨国公司基于科技全球化背景条件下的技术竞争与技术成长战略模式。

一、自主开发创新技术成长战略

自主开发创新是指企业通过自身努力，攻破技术难关，形成有价值的研究开发成果，并在此基础上依靠自身的力量推动创新的后续环节，完成技术成果的商品化，获得商业利润。自主开发创新模式一般具有核心技术的自主突破、关键技术的领先开发和新市场的率先开拓等特点。独立开发并拥有自己的核心技术或先进技术是跨国公司成长的重要基础。由技术开发所带来的巨额的市场利润，是所有企业进行自主技术开发永不停息的动力源泉。跨国公司所面临的创新的市场和技术的不确定性以及追求技术垄断的天性，迫使跨国公司总是不断地投入大量研发资金，开发出自己拥有独立知识产权的技术产品。

企业自主技术开发一般通过两种方式：

（一）螺旋式技术开发方式。在企业丰富多彩的技术开发活动中，对核心技术的自主开发是最为重要的。通过开发核心技术、核心产品，扩大市场，增加效益，再进行技术开发投资，推进核心技术的现代化，实现核心技术与核心产品之间的良性循环从而推进技术开发的方式，就称为螺旋式技术开发方式。

（二）并列式技术开发。并列式技术开发是指在产品技术开发过程中，从开始到新产品打入市场，每个环节都“同时间竞争”。通常最基本的做法是先进行技术阶段性的基础研究、应用研究和开发研究。在明确了开发目标之后，再将每项研究相互联系起来，在可能的条件下进行并列式技术开发。在实际开发中，由各个相关部门相互交流切磋开发技术，并不断调整和改进开发技术，并继续进行合作和协调式开发[1]。而企业规模对企业技术创新有着重要影响，对此熊彼特[2]和柯尔[3]曾从不同的角度、采用不同方法进行了研究。一般说来，企业规模是通过企业的技术力量、资金保障及 R&D 活动本身的规模经济性等因素来影响企业的研究开发能力，企业规模越大，其研究开发能力越强。企业规模又往往通过市场垄断程度、企业组织结构及产品配套程度等因素影响企业的研究开发方向。

二、模仿创新型技术成长战略

模仿创新模式一般是指跨国公司在技术引进基础上，通过模仿创新者的创新思想和行为，破译创新者的技术秘密，消化、吸收创新者的经验与教训，在工艺设计、质量控制、成本控制、生产管理、市场营销等创新环节的中后期阶段投入主要力量，进行开发、改进与完善，以生产出性能、质量、价格方面具有竞争力的产品。日本企业在国际上被称为是进行技术模仿创新的典范。日本对国外先进技术的引进始于 20 世纪 50 年代初，这不仅节省了巨额研究开发费用，而且还节约了进行研究开发所需的大量时间。有关资料表明，1950 ~ 1980 年，日本花费 116 亿美元，引进了 35996 项技术许可证协议。同时，日本在引进国外技术之初就意识到自主开发的重要性，到 1975 年日本技术出口与进口之比已达 1∶4，这为 20 世纪 80 年代日本政府提出并实施“技术立国”的产业发展方针奠定了基础。

世界许多著名跨国公司如日本的松下、东芝，韩国的三星等都是靠大量模仿其他企业或发达国家的跨国公司的先进技术起家的，他们在创业初期，通过模仿不断吸取技术知识，获得营销技巧，在“模仿产品”的销售中积蓄经济实力，最终成为具有强有力自主开发创新能力的世界著名跨国公司。

三、并购型技术成长战略

在 20 世纪整个 80 年代，技术进步的环境发生了很大的变化：从带有一点的可预见性和稳定性变得更具活力和带有可变性。单个企业继续单独进行研究与开发和维持竞争所需要的资本投资比以往任何时候都困难，随着市场和国际化生产体系的区域一体化或全球一体化，企业间的竞争日益带有全球化的性质，迫使企业借助于企业兼并与收购来开创竞争所需要的各类重要资源。

据联合国统计数据显示，从 1994 年以来，跨国公司通过并购进行战略重组之风越来越盛，并且从美国国内扩展到欧洲和亚洲。与“绿地投资”相比，跨国公司选择跨国并购有多种原因，其中增加获取现代技术的机会，获取被收购公司的技术优势或知识资本等都是促进跨国并购的重要原因之一。

近年来，由技术寻求推动的跨国并购无论在规模上还是在数量上所占比重越来越大，作为跨国公司全球创新竞争战略的一部分，技术获取日益成为跨国并购的一个重要动机。联合国研究报告认为，跨国并购之所以迅速发展，在很大程度上与跨国公司的 R&D 全球化有关。全球技术进步速度的日益加快，使越来越多的处于技术领先地位的跨国公司面临着技术创新成本与风险日益增加的竞争压力，跨国公司要想保证技术创新的领先地位，赶上新知识和新产品生命周期日益缩短的步伐，需要付出更多更大的努力。跨国公司为了尽可能快地建立其全球的 R&D 网络，就往往采取跨国并购方法，直接获取东道国原有 R&D 机构的所有权和控制权，然后加以改造为己所用。随着无形的以知识为基础的资产以及获得高技能的知识型员工与工作团队在国际竞争中的作用日益重要，通过跨国并购的方式扩展跨国公司全球化 R&D 网络可能会变得越来越普遍[4]。

四、联盟合作型技术成长战略

通过兼并与收购来获取外部重要技术资源使之内部化，往往不够灵活，难以应付需求格局变化和产品生命周期缩短所导致的产品更新加快问题；而技术发明加快，产品开发周期缩短和联合加工技术采用是导致需求格局变化和产品生命周期缩短的根本原因。企业间安排的传统做法受到新发展动态的全面挑战，为企业带来了经济上的不确定性。

这些新的发展动态促使企业寻求新的途径来谋取重要技术，政府有时也发起和推动企业新途径的开发。许多企业转而通过战略伙伴合作和战略技术联盟方式为自己早先只有通过对外直接投资方式才能实现的目标服务。跨国公司之间合作包括合资经营、许可、分包、特许、营销、加工制造、研究与开发和资源开发等。战略技术联盟是指跨国公司通过达成一种技术合作协议，共同从事新技术知识的研究与开发。协议的内容包括合作进行研究开发和（或）其他技术创新活动，而且这种技术合作协议至少对合作双方中的某一方的产品市场地位能够产生重要影响。战略技术可以使重要技能集中使用，所有权优势和内部化优势共享，东道国区位优势得到发挥。战略伙伴合作可以使企业获得补充性技术，降低成本和风险，创造新的溢出效应。在技术先进性行业，缔结战略伙伴关系的目的在于增强技术优势，加快发明速度，获得有形和无形资源，降低研究与开发的成本和风险。对于发展中国家企业来说，战略伙伴合作为它们提供了增强技术能力、促进产品升级换代的机会。对于中小企业来说，战略伙伴合作是克服研究与开发规模劣势和扩大市场的重要途径。

战略技术联盟分为国内战略技术联盟和国际战略技术联盟。20 世纪 90 年代以来，跨国公司国际战略技术联盟有日益增加的趋势[5]。跨国非股权研究与开发战略伙伴合作关系多数发生在发达国家企业之间。近年来发展中国家企业越来越多地参与到这类合作中来，并且在其中发挥的作用也日渐显要。通过联盟获得外部知识是当今企业提升能力的重要途径。据有关方面统计，近 10 年来在位居世界前列的 2000 家公司中，战略联盟一直取得了 17% 的投资回报率，超过一般企业投资回报率的 50%，最积极从事联盟的 25 家公司取得了 17. 2% 的权益资本回报率，比《财富》500 家公司的权益资本报酬率高出 40%[6]。战略伙伴合作还可能发展到以知识为基础的市场观测网络领域，这种市场观测网络可能会导致事实上的行业标准的建立。如果这类网络将替代原先稳定市场上行业开发领先者所发挥的作用，其构造产品市场和建立技术标准的能力将带来新的市场进入壁垒。

五、虚拟网络型技术成长战略

在互联网技术广泛应用于社会经济发展领域的今天，通过协议、契约和虚拟化等网络化管理已经成为企业赢得竞争优势的重要因素。近年来，欧美各国兴起的虚拟企业渐渐成为许多企业的重要组织形式，其灵活性与市场应变性在很大程度上适应了市场个性化及竞争复杂多变的趋势，其核心就是依循网络化组织模式，通过对管理、投资、技术、购销以及客户服务等进行有效整合，以提高产品技术的研究能力及抗市场风险能力[7]。

信息网络技术的发展降低了知识沟通与协作的成本，加快了全球范围内的知识生产，促进了全球范围内的知识整合与知识扩散，极大地克服了知识传递过程中的粘性，从而使得全球性的知识生产与扩散的网络形式成为相对有效的模式。

虚拟研发模式是一种以动态联盟为基础的外部化研发组织模式。从集成的行为方式来看，这是一种集成企业或单位之间以功能或优势互补为基础形成的互补型集成关系。同时，网络技术的发展为这种动态战略联盟提供了技术基础。如网上联合设计、网络化制造、计算机集成系统目前在汽车工业新产品开发中的广泛应用，以及各大跨国公司引入的“24 小时开发”的概念，即组合全球的开发人才，利用不同时区的时差，对某项技术开发项目实行 24 小时不间断开发，以缩短开发周期，加快新产品投放市场的速度。[8]企业通过动态技术联盟合作开发某一个新产品和项目，不仅仅是分享联盟各方现有的技术设备和生产能力，而且还包括分享新产品开发的技术，从而共同提高现有的技术水平，共同开拓国际市场。如世界几大汽车公司，在电动汽车研制方面的合作等。这种模式能弥补企业自主研发模式（内部化模式）的不足，它适应于投资巨大、技术高度复杂产品的联合开发，是技术产品开发模式的高级化形式。

六、研发全球化技术成长战略

长期以来，研究开发一直是跨国公司全球化程度最低的领域，在跨国公司的研究开发管理中，实验室集中于母公司一直被认为是一条基本原则。因为跨国公司担心在国外建立研发设施或从事研究开发活动会导致企业技术秘密的外泄而在国外培植竞争对手。

20 世纪 80 年代中期以后，随着跨国公司组织和资本结构的重组，以及信息技术进步为分散型研究活动带来的便利，随着经济全球化的发展和跨国公司全球经营战略的形成以及国际竞争的加剧，作为研究开发结果的知识资源日益成为跨国公司全球经营取得竞争优势的核心资源，于是越来越多的跨国公司从全球技术竞争的角度出发，将其技术知识的生产与供应活动从其母国转移到具有研究开发实力的国家或地区，以利用当地雄厚的研究开发优势或丰富的人力资源进行研究开发活动，利用东道国存在的科技实力，利用不同国家的研发成本差异，获得研发规模经济和范围经济效应，从而使跨国公司的研发创新活动出现了国际化、分散化、本土化和全球化的趋势。研究分散化意味着跨国公司体系将自己的发明能力与东道国的技术力量结合在一起，创造了更多的技术，增强了跨国公司的技术创新竞争优势。跨国公司的跨国 R&D 活动显然正在随着跨国公司其他职能的全球化与一体化而走向全球化，尽管速度要慢一些。随着跨国公司建立新的沟通与组织系统，内部交易与协调成本的不断下降，跨国公司国际生产的增长必然导致更多的国外（适应性和支持性）R&D 努力。

尽管母国以外的研发活动的增长速度滞后于生产活动的国际化趋势，但是研发活动的内容已经发生了实质性的变化。20 世纪 80 年代以前，跨国公司的海外研发活动多是对母公司创新成果的一种简单的当地化改造，目的在于使已有的技术或产品更适应东道国市场的需求特征。但是，20 世纪 80 年代以后，跨国公司开始将越来越多原创性研发活动转移到了海外。在汽车业中，一些大型的跨国公司甚至像组织国际性生产活动一样，在全球范围内对其研发活动进行合理配置，即将研发活动的不同环节安排在不同的地区进行。特别是在一些新兴工业化国家更是成为跨国公司海外 R&D 投资的新热点[9]。

在经济全球化与科技全球化交织发展的今天，中国企业技术成长应该积极学习与模仿跨国公司全球技术竞争与技术成长战略，不仅要在国内市场大力推进企业技术自主开发战略，而且还要在国内外市场与跨国公司进行技术联盟或利用现代通讯技术与跨国公司联合进行虚拟研发，以提高中国企业的技术创新竞争力。

参考文献

[1] [日] 慈道裕治．日本的技术开发战略 [J]．财经问题研究，2002，(7)．

[2] [美] 熊彼特．资本主义、社会主义与民主 [M]．北京：商务印书馆，1979：133－134.

[3] C. T. Koller. Innovation，Market Structure and Firm Size：A Simultaneo us Equation Model [J]. Manage rial and Desion Economics，Vol. 16，1995.

[4] 李安方．试析跨国公司 R&D 全球化的发展趋势 [J]．世界经济研究，2002，(4)．

[5] 曾繁华．中国企业技术成长机制及竞争力研究——一个新的技术转移理论与应用分析框架 [M]．长沙：湖南人民出版社，2001：393－396.

[6] 宋华．网络化经济时代企业战略联盟的竞争力分析——兼论中国企业的战略合作行为 [J]．经济科学，2001，(4)．

[7] 宋华．网络化经济时代企业战略联盟的竞争力分析 [J]．世界经济研究，2002，(4)．

[8] 刘洪德，刘希宋．技术进步在促进中国汽车工业发展中的作用探析 [J]．中国软科学，2003，(7)．

（原载《中共天津市委党校学报》2006 年第 1 期）

跨国公司全球技术开发竞争力绩效评价指标研究

一、前言

（1）创新及技术创新的内涵。创新（Innovation）要领是由著名美籍奥地利经济学家约瑟夫·熊彼特在20世纪初提出的。他认为，创新主要包括新产品的生产、新工艺的应用、新资源的开发、新市场的开辟和新的生产组织与管理方式的确立5个方面。其中主要是产品创新和工艺创新。熊彼特的重大功绩之一是把发明创造与技术创新区别开来。熊彼特之后的创新研究者将这5个方面分类归并为两类：前四类是技术创新，后者为组织创新。“新熊彼特主义”更注重创新扩散中的改进和发展，以及渐进和组织创新的重要性，更注重创新的起源、过程方式等。技术创新实际上是指通过新技术发明的应用，改善经济福利的商业活动过程。它包括新设想从产生、研究、开发、商业化生产到扩散这一系列的技术经济活动。

（2）跨国公司是全球技术创新竞争的主角。目前，全球跨国公司母公司约有7万家，拥有约85万家海外分支机构。它们控制了世界生产总值的40%～50%，国际贸易的50%～60%，国际技术贸易的60%～70%，产品研究和开发的80%～90%以及FDI的90%[1]、[2]。

（3）技术创新竞争力。发达经济体跨国公司全球技术竞争从战略上讲，包括全球技术开发竞争战略、全球技术垄断竞争战略和全球技术利用竞争战略3个组成部分，从技术竞争能力上讲，它包括技术开发竞争力、技术垄断竞争力和技术利用竞争力。技术竞争力是这3种能力的统一与有机融合而形成的合力。跨国公司技术开发竞争力是指其在全球各地从事研究、开发出符合市场需要的技术成果等方面商业化活动能力的大小与水平的高低。本文主要研究其技术创新竞争力的评价指标体系。

二、技术开发竞争力绩效评价指标

考核技术创新能力的传统的衡量手段主要是R&D支出和注册专利数，它们已越来越难以全面反映20世纪80年代以来，西方发达经济体跨国公司在全球技术竞争战略的新变化及其在技术创新能力上所取得巨大成就。因此，必须建立一套新绩效评价指标体系，来较全面反映跨国公司在技术创新竞争力提升方面的新变化。笔者认为应该从如下11个方面构建其技术创新竞争力绩效测评指标体系。

（一）R&D投入规模指标

R&D投入规模包括绝对规模，即R&D投入总量和相对规模，即R&D投入额占其销售收入的比例。

（1）R&D投入的绝对量。R&D投入的绝对量是指跨国公司全年R&D费用投入总规模。跨国公司全球研发竞争过程中的知识生产是指从事研究与开发活动的科学家、工程师及其他辅助研发人员所进行的知识技术创新，其结果包括科学发现、技术发明和知识技术的创造，其形式是科学论文、发明专利、技术诀窍等。虽然它们难以精确计算，但其“产值”可以用知识技术生产的经费投入来估算。研究与开发（R&D）经费投入，可以看成是社会购买“知识技术生产产品”支付的价格。R&D投入费用的规模越大，不仅表明跨国公司很重视研究与开发活动，而且还能表明跨国公司有很强的研究与开发能力。

（2）R&D投入的相对量。R&D投入的相对量是指R&D投入占销售收入的比例。一般来说，此比例越高表明企业越重视研究与开发活动，表明企业有很强的研究与开发能力。西方大型跨国公司不仅资产规模和销售规模都很大，而且R&D投入占销售额的比例也高[3]。

（二）R&D海外投入规模指标

跨国公司R&D海外投入规模是指其R&D海外投入总量，即绝对规模和相对规模，也即R&D海外投入额占其销售收入或国内（或全部）R&D投入总量的比例。

（1）R&D海外投入绝对量。跨国公司R&D海外投入绝对量是指跨国公司在海外从事研究与开发活动投入经费的绝对规模。在当今世界，研究与开发是技术发明的基础。面对国际市场竞争的日益激烈，为了充分利用东道国研发资源，越来越多的跨国公司不断增加其海外研究与开发支出，以创造更多的新技术。R&D海外投入的规模越大，表明跨国公司研究与开发的国际化、全球化、分散化、本土化程度越高，技术成长的技术源越多。

（2）R&D海外投入相对规模。跨国公司R&D海外投入的相对量是指跨国公司在海外从事研究与开发活动投入经费占公司全部（或国内）研究与开发经费的比例。此比例越高同样表明跨国公司研究与开发的全球化、本土化程度越高。

（三）R&D 人员规模指标

R&D 人员规模指标是指跨国公司知识技术生产者的总人数和相对人数。

（1）R&D 人员绝对量指标。西方国家在 20 世纪 80 年代以后，在知识技术创新投入经费增加的同时，从事知识技术生产及研究与开发活动的人数和比例也稳步增长。知识技术生产劳动力指标是指从事研究与开发活动的科学家、工程师、博士研究生、有关辅助和管理人员等知识员工的总量规模。R&D 人员总量规模越大，说明跨国公司研发能力越强。

（2）R&D 人员相对量指标。R&D 人员相对量是指 R&D 人员占跨国公司全体职工的比例，此比例越高，说明跨国公司的研发队伍越庞大，跨国公司经营活动的知识化程度越高，跨国公司的研发竞争力越强。

（3）R&D 海外人员指标。R&D 海外人员包括总量规模和相对规模。其中，相对规模是指跨国公司海外 R&D 人员的比例。总量规模越大，相对比例越高，说明跨国公司研发全球化、国际化、本土化程度越高，利用国外研发资源的能力越强，其全球技术创新竞争力也越强。

（四）R&D 机构数指标

R&D 机构数是指跨国公司在国内外通过独资、合作、并购等方式所拥有 R&D 机构的数量规模。

（1）R&D 机构总数。研发机构是跨国公司研发能力的重要载体，跨国公司 R&D 机构总数越多，说明跨国公司创新载体越多、研发项目越多，研发能力越强。

（2）海外 R&D 机构数。海外 R&D 机构数是跨国公司在国外通过独资、合作、并购等方式所拥有 R&D 机构的数量规模。海外 R&D 机构数越多，说明跨国公司研发全球化程度越高，国外创新源越多，全球研发竞争力越强。

（五）科技文献数量及其引用指标

科技创新实力在于积累，跨国公司科技人员发表的学术论文是技术创新的知识来源之一，只有通过大量的科学研究才能出现新的技术产品，形成新的技术产业。选择在国际上发表的科技论文或者被国际学术界承认的国内著名学术刊物上的论文是因为科学具有世界性，真正的科技原创力必须以国际水平来衡量，原创力意味着全球领先，而不是模仿。国际学术论文数量的多少表明科技人员知识创造力的大小，也蕴含着新技术和新产品的原创力。而科学论文的国际引用表明所创造的知识被国际同行的认同程度和对学科发展的影响力。在国际上一般用 3 种检索工具来评价学科的原创力，即 Science Citation Index（SCI）、Indexto Science and Technical Proceedings（ISTP）、Engineering Index（EI）。科技论文数量及引用越多，说明企业的知识技术创新能力越强。

（六）申请专利数量指标

跨国公司从事研究与开发活动所取得的研究成果如专利数量，包括在国内和国外申请的专利数量。专利是测定技术创新能力及技术创新成果的最重要指标。同时，专利被采用的次数越多，技术质量越高。

（1）技术专利总量指标。技术专利总量是指跨国公司在国内外所拥有的技术专利数量。

（2）国内申请专利数指标。国内申请专利数指标包括：①绝对量指标，即跨国公司在国内所申请的专利总数；②相对量指标，即跨国公司国内申请专利数占其所拥有专利总数的比例。一般说来，其国内专利总量越多，国内申请专利数占跨国公司总专利数的比例越高，说明跨国公司国内知识技术创新能力越强。

（3）国外申请专利数指标。国外申请专利数指标包括：①绝对量指标，即跨国公司在国外申请专利总数；②相对量指标，即跨国公司国外申请专利数占其国内外申请专利总数的比例。一般说来，其总量越高，同时国外申请专利数占跨国公司总专利数的比例越高，说明跨国公司 R&D 全球化程度越高，技术创新能力越强。同时，跨国公司在世界某产业（行业）拥有的技术和专利数量越多，说明其在全球某产业的技术创新竞争力越强。

（七）技术联盟合作竞争力指标

世界知识技术资源和创新能力分布的国家或企业的不平衡性与禀赋差异性，决定企业之间的技术联盟与合作是提高其技术创新能力的重要途径。20 世纪 80 年代以来，在跨国公司全球技术竞争中，越来越表现出合作与联盟日益加强的趋势，在竞争与合作此对关系中，竞争是主线，合作是竞争的方式与更高平台，是为了将来更好的竞争。技术水平与技术能力固然可以在竞争中得到提高，但通过合作与联盟可以减少风险与节约成本，可以在更高的层次上提升技术能力，可以弥补竞争的不足。

（八）技术并购能力指标

并购是兼并、联合与收购的简称，它是通过将企业外部资源内部化，对外部资源与要素进行一体化整合的方式。20 世纪 80 年代以来，西方发达国家跨国公司以获取外部技术资源为目的的并购得到了迅速发展，这种以获取外部技术资源为目的的企业并购，使跨国公司全球技术创新竞争力得以提升。

（九）知识技术创新网络竞争力指标

跨国公司知识技术创新网络包括内部网络和外部网络。目前许多大型跨国公司在全球都建立有知识技术创新网络，跨国公司全球技术创新竞争已演变为知识技术创新网络之间的竞争。知识技术创新网络竞争力是指新技术创新网络的构建能力、网络内外知识技术的协调能力与知识技术的整合能力。企业经营的国际化最终必然导致一些产业集中度不断提高，而且这些产业大多是研究与开发投入大、市场规模大、规模经济明显或市场进入成本高的产业。有关研究表明，公司规模大小与 R&D 能力成正相关。公司规模越大，R&D 能力越强。

（十）专利技术上升为技术标准的能力指标

三流企业卖产品，二流企业卖技术，一流企业卖专利，超一流企业卖标准。技术标准有企业标准、地方标准、行业标准、国家标准和国际标准；由于技术发展往往有多条路径，所以，在一个产业内部往往有多种技术标准，一项技术标准能否真正上升为国际事实标准，有一个选择和竞争过程，这一选择和竞争过程在一定程度上反映了一个国家（或国家集团）和企业技术创新的竞争力。一项或多项专利的组合能否成为事实上的国际技术标准，除取决于其技术在理论上的创新性、先进性优势之外，还取决于其市场运作能力。

在技术创新和经济全球化构成当代经济两大主题的情况下，技术创新的经济利益将更多地取决于企业或国家将自身专利技术上升为技术标准的能力。如移动通讯领域的 3G 标准之争就决定着上千亿美元的资金流向。

（十一）新技术产品开发周期长短指标

跨国公司全球技术创新竞争必然引起新技术知识开发周期的缩短。跨国公司新技术、新产品开发周期越短，说明其技术创新能力越强。因为，时间与速度的快慢的竞争是决定跨国公司市场成功与否的关键因素。成功的技术创新不仅要求创新公司具有投资的风险承担能力，而且要求加快新技术的研制与商业化应用过程，因此时间成为最关键因素，同时激烈的国际技术竞争和科技的发展加速了技术的更新换代，从而使产品的生命周期缩短。这一切都形成了对跨国公司巨大的时间压力[5][6]。

三、对评价指标体系的几点说明

（一）对评价指标体系的几点说明

（1）这些指标大多涉及跨国公司近年来其全球技术创新竞争战略的新变化、

部分过程及其成果的取得等许多方面；（2）这些指标仅仅是二级指标，其中许多指标在应用时还要建立三级指标（体系），如技术竞合力指标、技术并购能力指标等；（3）在实证分析与应用时，要定性分析与定量研究相结合；（4）有些指标特别如企业对产业技术发展路径选择的准确把握程度方面，我认为应该是考核与评价企业技术开发竞争力的最重要指标之一。虽然许多学者认识到此方面对企业与民族产业技术进步具有至关重要的作用，但在设立评价指标体系时大多忽略了这方面的研究，应该引起重视。

（二）研究的目的与意义

人类的未来和国家的繁荣比以往任何时候都更加依赖于技术创造和应用知识的能力与效率。从 1981 年日本把“技术立国”作为基本国策，到 1991 年 OECD 主要成员国知识经济产值已超过其 GDP 的 50%，再到美国近年来靠知识创新和技术创新使其经济保持良好的增长势头，无不表明经济发达国家相对完善的国家创新体系已成为国家经济可持续发展的基石。西方发达国家技术创新的最重要的主体是企业。经济科技全球化及跨国公司全球技术创新发展通过多种形式把世界各国编织成了一个全球研究、开发、生产、销售网络，发达国家的跨国公司在资本获得、研发能力、技术储备、技术人才、市场信誉等方面的综合优势，使其在全球技术竞争中处于垄断竞争优势地位。本文对跨国公司全球技术开发竞争力评价指标体系的研究，其目的与意义在于为中国企业技术创新竞争力评价指标体系的建立提供参考与借鉴。

参考文献

[1] 曾繁华．中国企业技术成长机制及竞争力——一个新的技术转移理论与应用分析框架［M］．长沙：湖南人民出版社，2001：257－258.

[2] 曾繁华．跨国公司全球技术成长战略模式［J］．中共天津市委党校学报，2006，(1)：62－65.

[3] 何传启，张凤．知识创新——竞争新焦点［M］．北京：经济管理出版社，2001.

[4] 新华社北京信息社．跨国公司面面观［J］．高科技与产业化，2003，(2/3)：12－16.

[5] 肖然．梦醒制造大国［J］．高科技与产业化，2003，(2/3)：8－11.

[6] 姚占琪．跨国公司研发投资的经济学分析［J］．世界经济，2001，(11)：69－73.

（与曹诗雄合作，原载《科技进步与对策》2007 年第 1 期）

跨国公司全球技术垄断性利用及其启示

——兼论“技术创新竞争力”新内涵

一、跨国公司全球技术垄断的本质

目前，全球跨国公司母公司约有7万家，拥有约85万家海外分支机构。它们控制了世界生产总值的40%～50%，国际贸易的50%～60%，国际技术贸易的60%～70%，产品研究和开发的80%～90%，以及FDI的90%。[1]跨国公司的全球经营活动是以技术垄断优势作为其基础与根基的，任何跨国公司如果失去对其研发的核心技术与先进技术的垄断，其全球经营活动将丧失利益的支点与根基，跨国公司的做强做大将失去原动力。所以，跨国公司对其先进技术的自然垄断、法律垄断及经营与利用的垄断，是其时刻傲视全球的杀手锏。因为：(1) 技术的全球垄断通过市场空间的倍增效应与市场进入的壁垒效应，可以创造人间美丽的经济景观与财富奇迹；(2) 技术的全球垄断可以锁定、左右与控制技术发展路径、方向、速度与类型，目的是扼制东道国竞争对手，要么使其技术与市场地位边缘化，要么置对手于死地或消灭竞争对手；(3) 技术的全球垄断还是这只经济恐龙与发展中东道国政府“讨价还价”的筹码与利器，虽然跨国公司在其垄断性技术的全球利用过程中存在部分成熟技术、边缘技术、边际技术甚至过时技术的外溢现象，从而使发展中东道国有可能看到通过“模仿战略”“跟进创新战略”或“技术引进战略”等形式来提升本国产业技术水平的曙光，试图在全球市场份额与利润“蛋糕”争夺战中分一杯羹，但事实是在过去40年中全球只有3到4个国家实现了“跨越式”发展，大多数发展中国家及其企业现如今只能在全球技术竞争的“混战”状态和全球产业价值链的低端市场中徘徊。

二、跨国公司全球技术垄断性利用的影响

1. 跨国公司全球技术垄断性利用的最大受益者是发达国家。

大量事实表明，国际直接投资、国际贸易包括国际技术贸易和跨国公司R&D国外投资主要发生在发达国家之间，这样不仅使跨国公司全球技术利用的大多数利润流向了发达国家，而且还使跨国公司技术转移、技术转让和技术溢出效应流向了发达国家。除了极少数新兴工业化国家和少数发展中国家与发达国家的技术水平与技术结构有缩小的趋势以外，大多数发展中国家由于技术创新“边缘化”和西方发达国家跨国公司技术垄断地位的进一步加强，其技术水平与发达国家的差距从总体上看有进一步拉大的趋势。

以国际技术贸易为例，由于跨国公司以技术为依托的投资与贸易活动主要高度集中于发达国家之间，所以国际技术使用收支主要发生在发达国家之间。如在1983～1995年间，全球技术使用费总额增加了3倍，达到480亿美元。如果美国和德国的数据具有代表性，那么，世界技术使用费支付中，4/5发生在跨国公司母公司及其子公司之间。这一现象说明国际直接投资与无形技术和跨国公司专有资产流动之间的关系十分密切。[2]全球技术使用费收入高度集中于少数发达国家。例如，1995年，美国企业专利使用费和许可费总收入达到270亿美元，为全球此类收入的56%；而1983年时，美国该两项数据分别为60亿美元和50%。据联合国贸发会议跨国公司与投资司的研究报告认为，“1997年在全世界专利和许可费用的跨国流动中，发达国家占支付的88%，收入的98%。”[3]美国与日本、德国、英国、法国和荷兰之间以专利、技术使用和许可等形式出现的技术交易十分繁荣，而且还在不断增长。1995年，美国对外技术转让费收入中，来自日本企业的技术使用费收入约占20%，来自德国、英国、法国和荷兰4国的技术使用费收入占33%。除美国外，许多国家技术转让收入的增加都不足以弥补其技术购买支出的增加。虽然德国企业对某些发展中国家子公司和非子公司企业的技术转让发展很快，但多数技术交易主要还是与发达国家企业达成的。再者，虽然对外技术合作协议方面的管理政策已经在很大程度上实现了自由化，但对发展中国家直接投资的繁荣发展并没有带来相应的技术流动的繁荣发展。

2. 跨国公司全球技术垄断性利用使发展中国家进入技术市场的壁垒增高、空间变小。

一方面，在市场全球化和科技全球化的进程中，跨国公司对其垄断技术的全球性竞争利用，使全球市场失灵现象出现的频率越来越大。比如，跨国公司通过并购、战略联盟等资本和组织重组活动，使跨国公司在全球石化、制药、汽车、

飞机制造等行业的生产和市场集中度已经达到了空前地步。同时，一种以知识为基础的新型寡头垄断结构正在信息、制药等行业中形成，在这些寡头结构中，大型跨国公司通过设置行业标准、选择核心技术、左右产品和技术发展轨迹和形成竞争等方式，主动塑造着产业的边界，同时对行业的潜在进入者，特别是对广大发展中国家的企业构筑起难以逾越的知识和技术壁垒。

另一方面，在经济科技全球化过程中，全球技术垄断及利用的游戏规则的制定权和解释权都操纵在发达国家手中，这些规则大多体现的是发达国家及其跨国公司的利益、意志和要求，却较少反映发展中国家的愿望和要求。广大发展中国家作为这些游戏规则的被动接受者是处于不利地位的，由于其国际竞争力低下，难免用自己的劳动密集型产品与发达国家资本、知识和技术密集型产品进行不等价交换。加上发达国家越来越严厉的绿色壁垒和技术壁垒，使得发展中国家的国际贸易条件正日趋恶化，致使广大发展中国家技术利用的空间越来越小。发展中国家要为遵守发达国家主导的国际经济规则付出更大的代价：由于技术发展、提升与利用的市场空间越来越小，发展中国家提升自身技术水平的难度加大；发达国家跨国公司高新技术产品大量充斥甚至垄断发展中国家市场，将会使发展中国家发展民族经济的市场自主权进一步受到削弱，发展中国家发展民族经济的国际市场空间越来越小，民族经济面临越来越大的压力与冲击，对发达国家的依附性也越来越大；由于生产力和科技水平方面的差异和总体上的垄断性，发达国家通过世界市场大举进入和占领发展中国家的市场，依靠技术和设备等方面的优势，利用知识产权等措施和法律手段，不仅掠夺性地大量开发和廉价占有发展中国家的生产资料与人力资源等，而且还以高昂的价格向发展中国家出售技术和知识产品，使发展中国家在经济的持续和良性发展方面受到严重影响，资源得不到有效开发、利用和保护。资源受到污染、生态平衡遭到严重破坏、资源浪费严重。[4]因此，在世界经济长期发展中所形成的发达国家与发展中国家的关系是“中心”与“外围”的关系，由于跨国公司全球技术的垄断性利用，将会使一部分发展中国家进一步边缘化，发展中国家对发达国家的依附关系并没有发生根本性的改变，反而更加强化。[5]发达国家拥有资金、技术、人才的绝对优势，他们在世界资源配置中普及这些优势使世界财富越来越集中在发达国家，而发展中国家在资金、技术等方面对发达国家的依赖越来越大。

3. 跨国公司全球技术垄断性利用使发达国家与发展中国家的贫富差距越来越大。

联合国开发计划署 1999 年度《人类发展报告》称，占全球人口 1/5 的发达国家拥有全世界生产总值的 80%。保障全世界的人都接受基本教育需要 60 亿美元，这相当于美国人每年在化妆上的花费；使最不发达国家的人得到医疗保障需要 130 亿美元，这相当于美国和西欧国家的人每年在饲养宠物方面的花费。[6]有关资料表明，从20世纪80、90年代世界各国居民收入差距的静态比较来看，1999年，高收入国家的人均GNP是低收入国家的63倍，是中下等收入国家的21倍，是南亚国家的58倍，是撒哈拉以南非洲国家的51倍。高收入国家人口仅占世界人口的15%，但却占有世界收入的78%，世界其他85%的人口却只占世界22%的收入，而3/5生活在世界61个最贫穷国家的人口只获得世界收入的6%。一方面，在少数高收入国家，居民们享受着极高的生活水平（平均每天70美元）；另一方面，在发展中国家却有12亿人口每天生活费用不足1美元，有28亿人口每天生活费用不足2美元。1999年世界人均GNP最高的国家的人均GNP是世界人均GNP最低国家的444倍，世界个人收入分配的基尼系数达到将近0.7。从同期动态比较来看，20世纪80年代以来，世界范围内的个人收入差距在持续扩大，反映居民收入差距的泰尔系数（Theil Index）（泰尔系数越大，居民之间的收入差距越大）持续上升。如1985年世界人均GNP最高的国家人均GNP是人均GNP最低国家的160倍，高收入国家的人均GNP是低收入国家的44倍，而到1990年分别为440多倍、63倍。因此，从世界范围来看，国与国之间的收入差距极大，过去40年世界范围内个人收入差距的拉大主要是由富国和穷国收入差距的不断加大造成的。[7]世界上1/5的人生活在高收入富国，这些“富国俱乐部”控制了世界86%的世界出口市场，68%的外国投资和74%的电话线，控制着世界上90%以上的信息传播和通讯工具。[8]这种贫富差距集中体现在生活消费上。根据2000年6月15日《福布斯》杂志报道，到2000年，世界1/5富人消费着全球商品、服务总量的86%、鱼肉类45%、能源总量58%、电话74%、汽车87%；而1/5最穷的人仅消费1.3%。根据世界银行的研究，撒哈拉沙漠以南的非洲地区、东欧和中亚、南亚地区、拉美和加勒比海等地区的贫困人口、贫困家庭及其贫困率不是减少而是增加了……[9]

虽然，造成发达国家与发展中国家贫富差距有多种原因，但在经济科技全球化条件下，这种贫富差距的进一步拉大无不与西方发达国家跨国公司全球技术的垄断性利用有着极其重要关系。由于技术可以创造市场，技术本身比市场更重要；由于技术具有垄断特性；由于技术的利用规则掌握在发达国家及跨国公司手中；由于高新技术的利用主要集中在发达国家；由于跨国公司向国外技术转移实施梯度转让策略；由于国际价格体系的不公平所导致南北产品的不等价交换；由于广大发展中国家在利用跨国公司技术转让（移）和FDI过程中的恶性竞争和“囚徒困境”博弈，使得跨国公司全球技术利用利润分配的“马太效应”越来越明显。跨国公司的技术成长与加速提升，虽然是人类技术文明发展的进步标志，但是跨国公司全球技术的垄断性利用，却致使跨国公司技术利用积累出现了两极化趋势：一极是跨国公司财富的不断膨胀，“富可敌国”的跨国公司越来越多，如在目前全球最大的100个经济体中，跨国公司占到50%以上。这直接造成西方发达国家跨国公司技术开发能力提高→技术垄断能力提升→技术利用能力增强→市场利润膨胀之间的良性循环。另一极是大多数发展中国家由于市场生存空间的日益被剥夺和缩小所导致的技术相对贫困甚至绝对贫困的积累，它具体表现在：(1）技术开发能力下降甚至被剥夺→技术创新能力匮乏；(2）由于跨国公司技术垄断竞争型利用所形成的以知识为基础的网络寡占市场结构，直接导致发展中国家研发技术的市场进入壁垒越来越高→技术垄断能力难以形成；(3）技术利用的空间越来越小→技术利用能力难以生成；(4）直接导致收入下降和物质贫困与生活贫困，使发展中国家技术竞争力成长的源头被扼制。这势必导致发展中国家技术开发能力下降→技术垄断能力难以形成→技术利用空间缩小→收入下降之间的恶性循环。因此，跨国公司全球技术垄断性利用的结果是跨国公司的生存与发展空间在不断扩大，而大多数发展中国家生存与发展的空间在日益萎缩。这种跨国公司知识与技术的全球膨胀与发展中国家知识与技术的相对萎缩，是造成发展中国家与发达国家贫富差距进一步拉大的主要原因。

世界各国经济发展的历史表明：长期经济增长并不是固定不变的。一些原先处于领先地位的国家已经落后，而原本贫穷的国家今天却步入富裕的工业化国家或地区的行列。世界经济中的赶超和落后过程的巨大差异是由什么因素引发的？虽然一国的历史、原材料供应状况、气候条件、可耕种土地的质量或人口密度等，对一国（特别是贫穷国家）具体某一阶段的经济增长起着重要作用，但这些因素并不是经济增长持久的、决定性的因素。实际上，决定经济持久增长的关键因素除了实行绝对开放和鼓励资本积累的经济政策以外，还取决于一个国家持久的技术创新能力和技术利用能力。那些抓住历史机遇实现了经济起飞的国家，必定首先都是在技术上崛起的国家，它们能够充分和迅速地开发和利用新技术，大规模地改造国民经济生产基础，获得经济发展的新手段，形成经济发展的新动力。那些能够在世界经济发展中取得和保持竞争优势地位的国家，常常是在持续的技术进步过程中频频领先的国家。美国之所以能够在19世纪下半期后来居上，并从20世纪起，稳居世界头号经济与科技强国地位，就是因为它紧紧抓住了第二次科技革命的机遇，造就了先进的物质技术基础，以后又始终走在世界科技进步的前列。可以说，各国经济发展上的差距，本质上都可以归结为科技进步上的差距。因此，我国在强调自主创新能力提高的同时，对提升自己的全球技术垄断竞争力也应给予重视。

三、跨国公司全球技术垄断性利用的启示与借鉴

研究跨国公司全球技术垄断竞争问题，对于我们深刻把握跨国公司作为一种

全球最具核心竞争力的产业组织的特性与本质及其经济技术活动的实现形式，对于中国跨国公司的成长及其技术创新竞争力的提升等都具有极其重要的战略指导意义。

1. 全面认识技术创新竞争力的新内涵。

技术创新能力是企业发展技术能力的核心，企业要想超过或战胜技术领先者，必须提高技术创新能力。结合跨国公司全球化技术垄断性利用，我们认为，发达经济体跨国公司全球技术竞争从战略上讲，包括全球技术研发竞争战略、全球技术垄断竞争战略和全球技术利用竞争战略三个组成部分，从技术创新竞争能力上讲，它包括技术研发竞争力、技术垄断竞争力和技术利用竞争力。这三部分构成了技术创新竞争力的新内涵。

从技术研发竞争力来看，跨国公司技术研发竞争力是指其在全球各地从事研究、开发出符合市场需要的技术成果等方面商业化活动能力的大小与水平的高低。根据经济合作与开发组织的界定，“研究和实验开发是在一个系统的基础上的创造性工作，其目的在于丰富有关人类、文化和社会的知识宝库，并利用这一知识进行新的发明。”它是创新的前期阶段，是创新的投入和创新成功的物质和科学基础。它包括科学和技术的基础研究和应用研究以及原型机和工艺方法的设计与开发等方面，在研发作为系统的创造性工作中，原型设计包括了新产品或新工艺全部特征和性能的初始模型，而原型验收则意味着研发阶段的终结和创新过程下一阶段的开始。衡量企业研发能力可以分别衡量企业的基础研究、应用研究和开发研究的能力（包括创新资源投入能力等）等。

从技术垄断竞争力来看，技术垄断是指跨国公司为维护和巩固其技术领先优势而对先进技术、核心技术等所进行保密、封锁和控制。垄断缘于竞争，在竞争的过程中产生并凌驾于竞争之上。在经济科技全球化的背景下，只有垄断才有竞争力，当然这种垄断是通过竞争产生的。英国著名跨国公司理论专家、联合国跨国公司与投资司首席顾问约翰·邓宁和金德尔伯格等认为，跨国公司的最大优势是技术垄断优势，技术优势是跨国公司跨国经营的立身之本。跨国公司技术垄断是为了控制和巩固竞争地位，是为了长期控制市场从而达到技术垄断利润的最大化。而且跨国公司技术垄断程度越高，越不愿意把自己的新技术转让出去，以免在东道国市场培育出竞争对手。跨国公司全球技术垄断又可以从技术开发的垄断、垄断性控制及垄断性利用等不同侧面进行分析。总之，跨国公司全球技术垄断竞争力是指跨国公司在全球技术创新竞争过程中形成的技术垄断优势和由此技术垄断优势而决定的技术垄断竞争地位和能力。它具体表现为跨国公司对高新技术控制和垄断程度与水平的高低、控制范围的大小、技术垄断效率的大小等方面。

从技术利用竞争力来看，跨国公司全球技术开发创新、全球技术垄断的最终目的是使其拥有的技术优势在全球最大限度地转化为商业利益。技术创新是重要的，拥有自主知识产权更重要，但是知识产权能够为企业带来持续的经济效益才是最根本的。跨国公司全球技术利用实际上是跨国公司以其拥有的技术作为核心资源或核心能力，通过对各种技术利用方式的选择与权衡，确定每一种（组）技术的最佳利用战略模式，以谋求技术全球利用效益的最大化。技术具有“公共物品”的性质，即对于任何给定的技术，增加技术的利用都不会减少原有的技术存量，不会影响对技术原有的使用。技术创新与技术垄断优势促使创新公司经营国际化、全球化。美国经济学家曼斯费尔德曾经指出：“公司转变为跨国公司通常就是为了在更大的范围内利用它们的技术优势。”按照约翰·邓宁的观点，R&D与技术同跨国公司的所有权优势和内部化优势有关，也就是说，R&D 可以被视为跨国公司竞争优势的来源，从而导致公司在国际范围内的扩张。

我们认为，技术创新竞争力是上述三种能力的统一与有机融合而形成的合力。事实上，西方发达国家许多跨国公司不仅具有很强大全球技术研发竞争力和全球技术垄断竞争力，而且还具有很强大的全球技术利用竞争力，只有同时具有这三个方面很强大的竞争力的跨国公司才能在市场竞争中永远立于不败之地，许多有上百年历史的跨国公司正是靠其这三个方面强大的竞争优势，才使其长盛不衰，永葆青春。因此，我们在研究“技术创新能力”的时候，如果单从其中某一个方面讲技术创新竞争力的强弱，是不全面或不准确的。

2. 技术规则与市场规则之间的全球协调和制度安排提到议事日程。

跨国公司全球技术竞争与技术发展的路径是：企业技术化→技术专利化→专利标准化→标准垄断化→市场垄断，其最终的结果即全球技术与市场的格局：一方面是发达国家及其跨国公司的“双边垄断”（即技术垄断与市场垄断）形成了发达国家技术研发竞争力强→技术垄断竞争力高→技术利用竞争力提升→市场经营权网络扩张力大→市场利润膨胀→世界财富巨额积累；另一方面是广大发展中国家技术研发竞争力弱→技术垄断竞争力低→技术利用竞争力不高→市场经营权网络扩张力小→市场利润缩小→世界财富积累水平低。目前，这种由发达国家“双边垄断”所导致广大发展中国家及其企业的“双重边缘化”（即技术边缘化与市场边缘化）是全球财富积累贫富两极分化的最根本原因。发达国家的全球技术垄断战略如专利制度，犹如发达国家的粮食和发展中国家的毒药，目前发达国家已经做到并且现在和将来要做的是：自己已经爬上楼梯而把梯子拿掉，不让发展中国家上楼，通过维系和巩固这种“双边格局”，来达到长期维持南北国际分工格局和资本技术知识密集型产品与劳动资源密集型产品不等价交换的现状。因此，广大发展中国家目前要做的，不仅仅是加大技术开发力度，多创造出有自主知识产权的技术成果，更主要的是在全球争取公正、合理的技术与市场的“游戏规则”。一方面，虽然技术是其研发者预测市场需求的产物，且技术又可以创造市场，但技术的研发、垄断及其利用应该有“游戏规则”。另一方面，市场存在产权界定与制度安排问题。市场在孕育技术、拓展技术利用市场空间及利基的同时，对技术的垄断性也不能无限度地放大。因此，在这里有一个“技术产权”与“市场产权”、“技术游戏规则”与“市场游戏规则”的关系处理问题，“技术与市场”之间的制度重新安排及规则的全球协调，不仅是经济学与管理学必须研究的一个全球性重要课题，而且其重要性已提到全球议事日程。

3. 中国企业应该在“干中学”的过程中提升全球技术创新竞争力。

从1985年《中华人民共和国专利法》颁布实施到现在累计受理发明专利申请近30万件，国外申请者主要是跨国公司在许多主要技术领域申请中占主导地位，如在移动通讯、计算机、半导体、光学记录、无线传输、传输设备、电视系统、遗传工程与生物、医药等领域西方发达国家及其企业申请专利达65%～90%。因此，中国加入WTO以后，产业技术控制与反控制将是中国技术研究与开发的主要任务。[10]据有关资料统计，目前我国发明专利的数量仅为美国、日本的1/30，韩国的1/4。近15年来，外国企业和中国企业在中国申请发明专利的比例是6.4∶1，外国企业在我国申请专利的比例很大。[11]目前我国对外技术依赖度已超过50%（发达创新国家在30%以下），发达创新国家拥有世界专利发明量占99%，中国只有万分之三的国内企业拥有真正自主知识产权。由于没有核心技术，国内企业不得不将每部手机售价的20%、计算机售价的30%、数控机床售价的20%～40%付给外国专利持有者，中国作为“世界工厂”，只能拿“贴牌生产”利润的8%。如此等等不仅说明中国的技术开发能力弱，而且还表明中国的技术垄断竞争力差。在创新资源及其技术垄断竞争力已成为当今全球竞争的焦点，世界科技发展不均衡大于世界经济发展不均衡和当今绝大多数领域的技术制高点都被发达国家所控制的条件下，中国企业如何在加强技术自主创新能力从而提高全球技术开发竞争力的同时，学习、模仿与借鉴发达国家跨国公司全球技术垄断战略的本质与经验，从而提高其全球技术垄断竞争力显得尤为重要。

中国作为一个经济强国，其制造业在世界排名第4位，仅次于美国、德国和日本，2006年世界500强企业排名，中国入围的企业已有22家。中国的综合国力和产业竞争力经过改革开放20年来的发展已经有了明显的提高。这样强大的整体经济实力而却只有这样少的企业走向世界，去分享世界市场，显而易见，中国跨国公司的发展是滞后的。中国要大力实施“走出去”战略。中国企业“走出去”，除了在数量上要上规模以外，还要在技术利用竞争力上下功夫。技术是制约一个国家经济增长和提升竞争力的关键因素。大量理论与实践活动表明，高新技术及其产品是国际投资与对外贸易的前提与依托，国际投资与贸易的竞争实际上是技术的较量，实施基于高新技术的“引进来”与“走出去”战略，是提高中国经济外向度的出发点与核心，因此，中国企业实施全球技术利用竞争战略，并在此过程中不断提高其全球技术创新竞争力是中国经济未来发展的必然路径选择，中国如果不能在技术上缩短与发达国家的差距，中国的综合国力和国际竞争力就很难得到迅速提高，中国的国民经济就难以得到健康发展，也就根本不可能从根本上摆脱落后的局面。

因此，本文对“技术创新竞争力”内涵与外延的扩展与丰富而确立的研究思路，也为一个企业（包括产业、区域及国家等）提供了一个新的提升其全球技术创新竞争力的理论与应用分析框架。也就是说，一个企业或国家技术创新竞争力的提高，不仅要在技术研发竞争力上下功夫，不仅要在技术垄断竞争力上尽全力，而且还要在技术利用竞争力投入更大的力量。只有在这三个方面竞争力上同时得到全面提升，才能表明一个企业或国家的技术创新竞争力有了进步或得到了提高，才能为现在和将来在以跨国公司为主角的全球科技竞争中成为竞争的强者，才能达到“赢者通吃”的效果，才能使民族国家在世界财富这一总的分配“蛋糕”中分得更多更大的财富份额。

参考文献

[1] 曾繁华. 中国企业技术成长机制及竞争力——一个新的技术转移理论与应用分析框架［M］. 长沙：湖南人民出版社，2001：257－258.

[2] 联合国贸发会议跨国公司与投资司. 1997 世界投资报告——跨国公司、市场结构与竞争政策［M］. 对外经济贸易大学出版社，2000：61－65.

[3] 联合国贸发会议跨国公司与投资司. 1999 年世界投资报告——外国直接投资和发展的挑战［M］. 北京：中国财政经济出版社，2000：3.

[4] 李静霞. 论全球化经济的不平等性［J］. 国际经贸探索，2001，(5).

[5] 杜厚文. 21 世纪世界经济发展的几个重要趋势［J］. 中国特色社会主义研究，2001，(6).

[6] 唐任伍，胡春木. 论全球化规则的扶强抑弱性［J］. 世界经济与政治，2000，(4).

[7] 曾国安. 20 世纪 80、90 年代世界各国居民收入差距的比较［J］. 经济评论，2002，(1).

[8] 李静霞. 论全球化经济的不平等性［J］. 国际经贸探索，2001，(5).

[9] 包恒新. 当今世界最大的道德挑战——关于贫富差距问题的道德思考［J］. 福建论坛，2002，(7).

[10] 路甬祥. WTO 背景下中国技术发展的机遇与挑战［J］. 中国软科学，2002，(1).

[11] 余鹏翼，姚钟华. 国际技术贸易操典［M］. 广州：广东经济出版社，2002：20.

（与彭光映合作，原载《湖北经济学院学报》2007 年第 2 期）

跨国公司全球技术垄断竞争战略研究

一、概念界定及问题的提出

经济垄断是把同行业市场中企业数量的多少和企业产品在市场上所占份额的大小作为判断企业垄断地位的标准。技术垄断则是指跨国公司为维护和巩固其技术领先优势而对先进技术、核心技术等所进行保密、封锁和控制。垄断缘于竞争，在竞争的过程中产生并凌驾于竞争之上。在经济科技全球化的背景下，只有垄断才有竞争力，当然这种垄断是通过竞争产生的。英国著名跨国公司理论专家、联合国跨国公司与投资司首席顾问约翰·邓宁和金德尔伯格等认为，跨国公司的最大优势是技术垄断优势，技术优势是跨国公司跨国经营的立身之本。跨国公司的所有特性，都与控制技术的开发与使用有关。海默的垄断优势理论将跨国公司的技术优势视为其拥有的最重要的垄断优势。技术优势是其与东道国企业竞争的决定性因素。有关资料表明，在跨国公司的早期形成过程中，技术垄断起到了举足轻重的作用。据美国学者 M. 威尔金斯对这一时期跨国公司成长过程的考察，美国现代跨国公司的创始人许多都是 19 世纪末期的工业技术发明家，如 I. M. 辛格、A. G. 贝尔、T. 爱迪生和 G. 威斯汀豪斯等。这些发明家都是依靠技术发明和技术垄断而发迹的，通常是利用专利制度取得对技术发明的垄断权，进而利用技术垄断地位建立和垄断国内外相关产品的生产和市场。

自 20 世纪 90 年代以来，随着经济科技全球化的发展，跨国公司在全球竞争过程中所面对的竞争对手越来越多，竞争对手的竞争能力也越来越强。有越来越多的跨国公司根据全球经营战略规划，来确定其技术垄断战略的制订与实施，根据其垄断战略来决定新技术是封锁不用（将来使用）还是国内生产然后产品出口；是对外直接投资还是技术转让；是在发达国家投资还是在发展中国家投资；是建立独资企业还是建立合资联盟企业；技术是转让给发达国家还是发展中国家；等等。通过技术垄断战略的实施，可以维护其技术垄断地位，通过延长其新技术产品的使用寿命与周期，不仅可以收回其投资研发成本，而且还从技术的不断利用中取得更多的市场“租金”。因此，研究跨国公司技术开发竞争的目的与动机、研究跨国公司技术垄断竞争的路径、方法与策略，不仅对于我们认识与把握跨国公司技术外溢的途径有重要的路径指导作用，而且对于提高中国企业全球技术垄断竞争力有着重要的理论与实践意义。

二、跨国公司全球技术垄断竞争战略的构成

跨国公司的技术垄断战略包括垄断性技术研发、技术垄断性控制及技术的垄断性利用等多个方面。那么，跨国公司在全球经营过程中究竟通过哪些方式对其技术进行封锁、控制和垄断的呢?

（一）R&D 投资的垄断性

跨国公司 R&D 投资上的控制与垄断主要是指跨国公司 R&D 投资在国内或全球（某行业）R&D 投资总量中占有绝大部分份额的态势和状况，通过提高或增加 R&D 投资的强度试图实现对新技术研发的控制与垄断。有关资料表明，目前，跨国公司控制着全球 80% 以上的新技术、新工艺的开发，以及 70% 国际技术转让。从目前世界 R&D 支出分布来看，OECD 国家约占世界总 R&D 支出的 90%，发展中国家总 R&D 支出比例不超过 6%。[1]1998 年全球 500 强占有世界研发费用的 65% 以上。从研发费用支出看，跨国公司体系内部的研发费用约占全球民用研发支出的 75% ~80%。[2] 1996 年美国仅 50 家公司就拥有工业 R&D 的近 50%；[3]同年研发支出领先的 100 家跨国公司占全美当年研发总支出的 58.1%。发达小国研发支出的集中程度更高，如 1980 年瑞士仅 3 家大型跨国公司就拥有全国研发支出的 81%，荷兰 4 家大型跨国公司占近 70%。一般来讲，大型跨国公司的研发支出在其销售收入中占较大比重，如美国通用技术公司 1996 年的研发支出占其销售收入的比重高达 51.3%。1996 年美国跨国公司几乎在国内所有制造业都控制着 50% 以上的研发投资，其中高达 70% 以上者也不乏其例。跨国公司是当代技术创新的中坚力量，是工业部门绝大多数技术的最早开发者、垄断者与利用者。在钢铁、石油、制药和化学工业等行业，51% ~94% 的重大技术创新都是跨国公司引入生产和市场的，其中化学工业部门的重大技术创新几乎全部来自跨国公司。在当今战略技术领域，发达国家的 R&D 强度一直非常高。由于 R&D 投资规模的控制与垄断，使全球每年产生的新技术和新工艺的 71% 控制在跨国公司手中，西方发达国家的 500 家最大的跨国公司集中控制着本国 90% 以上的生产技术。据有关资料统计，在资本和技术密集型产业中，几乎所有的重大技术创新都缘于垄断型大型跨国公司。在日本，资本在 10 亿日元以上的大公司承

担的科研及设计工作占到全国总量的 86%；在 OECD 范围内，全部工业的 R&D 的 2/3 左右是由那些雇员超过 1 万人的大公司完成的；在英、美、德等国，企业 R&D 总支出的 62% ~90% 是由 5000 人以上的大公司支付的。

（二）持续创新型技术垄断策略

持续创新策略是指在激烈的全球技术竞争中持续不断地进行改进型或替代型技术创新，以实现对战略技术长期垄断的策略。（1）持续的改进型技术创新就是不断改进其核心技术，以确保已获得的垄断地位不被竞争者取代的一种技术创新战略。如美国英特尔公司就是通过采取持续的改进型创新策略，而在微处理器（CPU）这一高技术领域建立起准市场垄断地位并获得商业成功的典范。（2）持续的替代型创新就是在高度竞争的产业技术领域，技术领先者或技术后来者，采取根本不同的技术路径开发出全新的核心技术，以替代原有技术，技术领先者达到巩固其原有垄断地位，而技术后来者达到取代前者垄断地位的一种创新战略。如在 IT 行业平面显示技术的竞争，从普通 CRT 到纯平 CRT，从纯平 CRT 到液晶 LCD、等离子显示及有机发光材料显示技术，从 15 英寸到 19 英寸，从低辐射到无辐射，从亮度受限制到亮度自由调节等，Sony、飞利浦、LG、NEC 等著名跨国公司采取持续的替代型创新策略，牢牢控制着平面显示器的前沿核心技术。在激烈的技术与市场竞争中，它们不仅确立了在高端市场的优势地位，同时也操控着中低档市场的大宗交易。

（三）国内研发出口控制战略

国内研发出口控制模式是指跨国公司将重要技术或核心技术的研发活动主要集中于国内进行，然后通过技术产品的出口来实现对高新技术的垄断。

在企业国际化初期阶段，跨国公司往往将研究与开发职能保留在母国，集中于母公司，技术首先在国内商业化，通过高新技术产品出口来占领国外市场。有人认为，“主要的研究与开发活动集中于公司的母国可以保证对创新过程实施更大的控制，降低技术开发泄露的潜在风险。”[4]高新技术的直接出口或国外研发肯定存在技术的泄露风险，如果将新技术的研发集中在国内进行，生产在国内进行然后出口新技术产品，不仅可以收回国内研发成本，取得 R&D 投资收益，而且还会增加技术模仿者的“模仿时滞”。

（四）公司体系内部交易战略

公司体系内部经营战略是指跨国公司为了防止其高新技术或核心技术机密的外泄，往往通过在公司体系内部进行技术转让的方式，来保持技术垄断地位的战略。有关资料表明，在国际贸易中，跨国公司的内部贸易和与跨国公司相联系的公开市场贸易估计总共占世界贸易的2/3。跨国公司的技术转移采取两种方式：对其所拥有和控制的子公司实行内部化，对其他公司实行外部化。跨国公司是当今国际技术转让的主体，而国际技术转让在相当大程度上表现为跨国公司的内部交易。有人认为技术流动的4/5左右是在公司内部进行的。[5]跨国公司之所以在公司内部转移知识技术，是因为它比通过外部市场机制更有效地转移与开发知识。虽然外部市场正变得越来越复杂或精密，但对知识技术的转移仍然相对无效[6]跨国公司对其所拥有的先进技术或核心技术一般采取内部交易方式。即将这些先进技术在其所拥有和控制的子公司内部交易。如果以技术特许权使用费和许可费收入来衡量，那么跨国公司的大多数技术特别是核心技术（如生产诀窍）都是在母公司与控股子公司之间、控股子公司相互之间的内部交易完成的。根据联合国跨国公司与投资司的研究报告，在技术转让方面，跨国公司母公司与其境外子公司间的技术转让使用费支付占世界此类费用支付的70%。[7]目前，在美国的全部海外技术收益中，跨国公司的收益占到85%以上，而且，在其来自发展中国家的技术收益中，来自跨国公司国外附属子公司的技术转让收益也占到85%以上。

（五）FDI型技术垄断战略

FDI型技术垄断战略是指跨国公司通过对外直接投资的方式对其拥有的高新技术进行控制和垄断的战略。跨国公司不仅要在国内保持技术垄断优势，而且还要通过对外直接投资在全球拥有、保持和控制这种技术垄断优势。战后跨国公司的对外直接投资主要是基于技术垄断。专利等工业产权、技术以及与特定技术直接联系的机器设备和服务仍然是FDI的基本内容，因而直接投资主要表现为技术垄断权的转让与技术本身的流动，而不是货币资本的流动。技术上的控制与垄断，进而对国外生产与市场的控制与垄断构成西方跨国公司对外直接投资的本质特征。技术垄断是跨国公司海外扩张与经营全球化的根基，是技术构成跨国公司国际直接投资的主要物质内容。正如联合国贸发会议《1992年世界投资报告》所指出的那样："技术是跨国公司竞争优势的重要组成部分，许多公司选择对外直接投资为其海外市场服务，不仅仅是为了开发这一优势，同时也是为了对技术进行控制，跨国公司往往把最新技术转移给它的分支机构，而把较陈旧的技术卖给或以许可证形式转让给当地公司或合资公司"。[8]有人在20世纪80年代初对一项样本调查表明，如果跨国公司无法通过对外直接投资利用其技术创新成果，其目前的研究与开发投资将减少12%～15%。[9]西方发达国家跨国公司通过对外直接投资将其产品销售市场与垄断势力扩大到全球范围，会激发跨国公司进一步增加研究与开发投资、从事技术创新活动的积极性。

（六）以品牌为外壳的技术垄断战略

品牌是市场竞争的利器，一个国家品牌数量的多少是其经济发展水平和经济竞争力的直接参照物。根据联合国工业计划署的调查表明，名牌在全球品牌的比重虽然不到3%，但其市场占有率高达40%以上，销售额占50%以上。[10]拥有巨大经济和技术实力的跨国公司往往拥有世界知名品牌。品牌不仅代表一定的经济规模、市场信誉和社会知名度，而且还是高技术含量垄断的象征。一般来说，品牌的市场占有率越高，品牌的市场价值越大。品牌的市场价值虽然是企业在长期经营过程中不断进行资本投入的结果，但从技术进步的角度来看，技术的积累、提升与垄断是品牌得以维持和品牌知名度得以不断提高的根基。技术是品牌的灵魂，品牌的市场价值往往与其技术含量的提升与垄断程度成正比。跨国公司要使品牌这棵长青树长盛不衰，必须对其开发的核心技术进行长期垄断而不能与别人分享。如拥有百年品牌历史的百事可乐和可口可乐如果没有对其技术的垄断，早已从市场上销声匿迹了。品牌是个筐，什么技术都可以往里装。1992 年 12 月 28 日德国《世界报》公布了世界 10 大驰名商标，其中美国占 6 个，日本占 2 个，德国和瑞士各占 1 个，而且这些品牌产品市场几乎全部由发达国家的跨国公司所垄断。[11]跨国公司通过垄断品牌来垄断新技术在全球的研发、转让与利用。

（七）专利控制型技术垄断战略

垄断是商战中申请专利最根本的目的和策略，是占领市场的重要手段和途径，因为专利具有排他权、独占权，未经专利人许可，任何单位或个人都不得以生产经营目的制造、使用、许诺销售、销售、进口其专利产品、方法和外观设计，否则被视为侵犯专利，可追究其法律责任。特别是专利制度可以从法律上确定自主创新者的技术垄断地位，保护自主创新者的权益，由此形成了新技术的法律垄断。所以垄断则是技术进步的必然结果。跨国公司是当今世界产业技术成果的主要垄断者。据报道，在全球注册的 90 万件专利中，有 50% 以上由跨国公司所垄断。[12]另据估计，目前跨国公司大约控制着全世界专利技术的 75%。[13]在西方发达国家，专利拥有者基本上都是世界大型跨国公司；从专利发明的情况来看，目前世界最大的 700 家工业公司（其中大多数是跨国公司）的专利发明占世界专利发明的 50% 左右。总之，掌握专利就能垄断世界市场，否则就会受制于人。

（八）策略联盟型技术垄断战略

通过策略性技术联盟进行技术垄断是指企业间通过在 R&D 领域，甚至在生产与营销领域里密切的技术合作，联合控制技术的发展方向与发展速度，构筑排他性技术壁垒（比如：确定技术路径、控制主流技术标准、实施专利保护），共同占有并维持技术垄断竞争优势的一种联合形式。有资料表明，进入战后冷战时代，世界跨国公司间的策略性技术联盟迅速增至 4192 个。在这些策略性技术联盟中，95% 以上是由美、日、欧等国家的企业间建立的。其中 25% 左右的技术联盟分布在化工、航空与国防、汽车、重型电器设备等四个产业部门，70%以上的技术联盟分布在高技术产业，特别是信息产业与生物产业。缔结战略伙伴关系的跨国公司不仅影响到代用品发明的速度，还可能在新产品尚处于发明阶段就确立了行业技术规格和技术标准；这些技术标准的设立可能会阻碍代用品的开发，导致未来的市场垄断。换言之，通过在构成未来商品市场竞争基础的领域进行合作，结盟跨国公司组成了排他性网络，控制着发明的速度和类型，抑制了对非结盟企业的信息流动。战略伙伴关系必然会削弱参与战略联盟跨国公司间的代用品发明竞争，[14]使未参与标准制定企业处于被支配地位，有可能导致反竞争行为增多，特别是新行业标准的制定对未来进入者构成了壁垒。[15]

（九）并购型技术垄断战略

一般认为，到目前为止全球共发生了6次并购浪潮，实际上，并购是跨国公司在世界获得从自然资源到创造资产等各种资源的最佳途径。世界许多企业之间兼并的真正目是减少竞争对手，延长其新产品生存周期，减少开发成本。“因此，现在的兼并是大企业控制技术的一重手段，大企业不愿做‘创造性毁灭’，就利用垄断地位来扼杀创新，小企业就充当了大企业的中试基地。”[16]

大量事实与案例证明，跨国公司并不是慈善家，对高额垄断利润赤裸裸的贪欲，决定了其跨国并购对东道国技术外溢不仅具有局限性与垄断性，而且还造成发展中东道国的产业技术进步产生对跨国公司的技术依赖。因此，对于一个自身研发水平很低，与发达经济体存在较大技术差距的发展中东道国来说，试图通过跨国公司的跨国并购来提升自身的产业技术水平，只能是一种一厢情愿的幻觉，势必会导致跨国公司的“技术虚入效应”。正如詹金斯所说：“东道国企业与跨国公司合作的结果，可能开始东道国在追求国产化的过程中，陷入一个依赖跨国公司的技术规程和路径的陷阱。”[17]西方跨国公司在拉丁美洲及有关其他发展中国家跨国并购的案例表明，跨国并购不仅削弱了东道国的研发能力，抑制了东道国当地其他企业的自主创新能力的成长，[18]而且还导致当地技术与人才逆向流入到了外国企业。[19]因此，跨国公司的跨国技术并购是其获取与垄断世界研发资源、左右技术发展路径、垄断技术发展方向、速度与类型，节约研发成本，从而使当地企业丧失竞争优势，并使自己在世界市场长期处于垄断地位的重要手段。

（十）技术标准控制与垄断战略

技术标准战略是近年来才兴起的新名词。技术标准说到底是一种游戏规则。从规则角度讲，技术标准有别于专利，专利对应的是一种产品，而技术标准对应的是一个技术群落，它决定着某一行业的技术路线，并最终决定企业的产品发展方向。专利影响的只是一个或若干个企业，而标准影响的却是一个产业，甚至是一个国家的核心竞争力。技术标准这一规则性特性，决定了其影响市场、控制市场的能力非同寻常。所以说，标准战略的运用得当与否，往往能决定企业的生死。所谓“赢者通吃”，正是对标准战略的赢家而言。谁掌握了标准的制定权，谁的技术成为标准，谁就在一定程度上掌握了技术和经济竞争的主动权。

技术标准战略是一种围绕技术标准而制定的使企业在竞争中处于有利地位的总体谋划。根据技术标准在不同层面上的运用，可划分为国际标准、国家标准、行业标准和企业标准。近年来，世界标准之争空前激烈，单单一项3G移动通讯标准之争，就可能决定数千亿美元资金的流动，足见标准之威力惊人。发达国家及其跨国公司是技术标准竞争的高手，他们沿着“技术专利化—专利标准化—标准垄断化—市场垄断”的思路，来实施技术标准的控制与垄断。技术标准之争实质上就是争夺知识产权垄断的斗争。比如，高通公司实施的技术标准战略，就是以其拥有的CDMA国际移动通讯标准背后的1400多项专利为依托的，它每年收取的专利使用费却高达10亿美元左右；日本丰田公司的总裁奥田硕在回答将如何面对21世纪的竞争时强调，“今后，丰田必须在制定汽车工业技术标准中掌握主动权”；[20]美国能称霸世界IT，仅靠微软和英特尔的技术标准垄断壁垒，就控制了世界软硬件市场60%～80%的市场份额；诺基亚、摩托罗拉、爱立信等巨头手中也都掌握有大量的专利，其目的是抢占国际标准的制高点，建立有利于自己的“游戏规则”。[21]

（十一）军用与民用技术共享策略

从“二战”开始，特别是在冷战时期，很多国家对关系国家安全与军事优势的军工产品和尖端军事技术的研制倾注了大量的国家资源。与此同时，军用技术的突破性进展，也为发达国家民用技术的开发及新兴产业部门的建立与发展（如飞机制造业、核能发电业、计算机与集成电路业等）提供了强大的技术支持。进入后冷战时代，发达国家政府对国防R&D的投入一度明显减少，而民间资本对信息技术及其他高技术开发的支持空前高涨，高速发展的民用技术在这一时期大量向军事系统转移，特别是在软件技术、网络技术、先进制造技术等技术领域。如海湾战争期间，美军及其盟军曾高度依赖日本为民用目的生产的组件和子系统。发达国家许多政治家发现，相互分离的军用与民用技术间早已形成了多重壁垒，阻碍了国家战略资源的优化配置和信息的交流，不利于巩固其强国地位和已经获得的军事优势。于是美国政府便采取了一系列措施（包括颁布法令）并进行国防采购改革，试图建立一个能同时满足国防和商业两方面需要的共同的工业基础，以实现军用与民用技术的共享。很明显，能够成为军用与民用共享的技术，均为一些超敏感的战略技术。因此，军用与民用技术共享策略将在更大范围内强化发达国家政府及其企业对战略技术的控制。[22]

（十二）技术锁定型技术垄断战略

“技术锁定”是指具有先进技术的跨国公司利用其技术垄断优势和内部化优势在技术设计、生产工艺、包装广告、营销网络等环节的关键部分，设置一些难以破解其诀窍的障碍，并由于这些障碍设计得很巧妙而不得其解，最终通过技术控制达到垄断市场并获得垄断利润的目的。根据寻柯教授的研究，跨国公司利用“技术锁定”战略牟取巨额利润的方式有：（1）要求东道国子公司购买关键的零部件和辅助设备，以转移价格形式逃避税收转移利润；（2）规定特定产品的设计变动要经过母国的批准，以掌握技术控制权；（3）把子公司产品集中通过在东道国国内的某个代理处销售，以掌握销售控制权；（4）把子公司分散在不同的东道国，用技术分离的办法来实现其价格转移的目的等。技术垄断与技术锁定的区别：“技术垄断”往往是指跨国公司利用其核心技术来垄断技术产品市场。技术垄断是以设置一个整体的技术障碍为前提。而“技术锁定”只是在某些关键的地方或产品价值链的关键战略性环节“轻巧”地加上一道“牢固”的锁，就得到了“技术垄断”的所有好处，因此“技术锁定”的成本要低得多，它是跨国公司使用的一种更高级的防止技术外溢的方式。对于跨国公司而言，“技术锁定”是为了使投在研究与开发上的费用得到补偿的一种最有效的途径。[23-24]

企业竞争优势来源于其价值链上的战略环节，包括战略技术、核心技术或关键技术。战略环节是企业拥有垄断优势并能够为企业带来高附加值的环节，是价值链上的制高点，抓住了价值链上的战略环节也就抓住了整条价值链。因此，跨国公司往往集中力量控制其战略环节，而把不具备竞争优势的非战略环节分离出去。所以，战略环节上的技术锁定是跨国公司谋求技术垄断的又一战略。

（十三）人才控制型技术垄断战略

近年来，越来越多的学者认为，全方位开放国内市场，吸引更多的跨国公司通过各种方式进入中国市场来实现跨国公司对中国当地企业的技术外溢，认为其中一个重要的途径是希望通过受雇于跨国公司在华分公司的当地技术人员和专业人员向当地企业充分流动，试图通过这种人才的流动将来能够提升中国当地企业的技术水平。事实上，跨国公司出于维持技术垄断优势、清除和遏制外来竞争的需要，往往会千方百计从制度上采取措施防止技术在东道国发生外溢。如跨国公司总是会通过提高雇员薪金水平等怀柔政策[25]和从制度上设置各种障碍[26]等手段来阻止这种流动。事实上，大量的个案研究表明，在发展中东道国，外资企业技术和专业人员的流动性非常低，高级管理人员的流动更为罕见。[27]

三、启示与借鉴

研究跨国公司全球技术垄断战略问题，对于我们深刻把握跨国公司作为一种全球最具核心竞争力的产业组织的特性与本质及其经济技术活动的实现形式，对于中国跨国公司的成长及其技术垄断竞争力的提升等都具有极其重要的战略指导意义。

（一）对战略本身的说明

（1）这些战略形式大多涉及跨国公司近年来其全球技术竞争战略的新变化、竞争过程及其成果的取得等许多方面；（2）研究这些战略本身的变化及其形成，结合案例与实证分析则更具有说服力；（3）企业全球技术垄断竞争是20世纪80年代以来，西方发达经济体跨国公司全球竞争战略的新特征与新变化，目前学术界研究不多应该引起重视。

（二）研究的目的与意义

人类的未来和国家的繁荣比以往任何时候都更加依赖于技术创造和应用知识的能力与效率。从1981年日本把“技术立国”作为基本国策，到1991年OECD主要成员国知识经济产值已超过其GDP的50%，再到美国近年来靠知识创新和技术创新使其经济保持良好增长势头，无不表明经济发达国家相对完善的国家创新体系已成为国家经济可持续发展的基石。发达国家跨国公司不仅是全球技术创新的主体，而且还世界绝大多数高新技术的垄断者及垄断利用者，经济科技全球化及跨国公司全球技术竞争的发展通过多种形式把世界各国编织成了一个全球研究、开发、生产、销售网络，发达国家的跨国公司在资本获得、研发能力、技术储备、技术人才、市场信誉等方面的综合优势，使其在全球技术竞争中处于垄断竞争优势地位。中国企业在全球技术竞争过程中，不仅应该提高技术开发能力，而且还应该学会运用技术垄断竞争战略，在竞争中提高自身全球技术垄断竞争力。

参考文献

[1] 1999年世界投资报告——外国直接投资和发展的挑战［M］. 北京：中国财政经济出版社，2000：225.

[2] 联合国贸发会议（UNCTAD）. 1995年世界投资报告［M］. 北京：对外经济贸易大学出版社，1996：229.

[3] 联合国贸发会议（UNCTAD）. 1999年世界投资报告［M］. 北京：中国财政经济出版社，2000：225.

[4] Katherin Marton. Multinationals, Technology and Industrialization: Implications and Impact in Third Countries [M]. Lexington Books, 1986. 63.

[5] 马俊如，等．科学技术全球化的态势 [J]. 中国软科学，2002，(4).

[6] 刘翌，徐金发．母子公司知识流动：一个理论分析框架 [J]. 科研管理，2002，(1).

[7] 联合国贸发会议跨国公司与投资司．1997 世界投资报告——跨国公司、市场结构与竞争政策 [M]. 储祥银，等译．北京：对外经济贸易大学出版社，2001：2.

[8] 联合国贸发会议（UNCTAD). 1992 年世界投资报告 [M]. 北京：对外经济贸易大学出版社，1993：140.

[9] 邱立成．跨国公司研究与开发的国际化 [M]. 北京：经济科学出版社，2001：10.

[10] 李长久．经济全球化的进展 [J]. 世界经济，1997，(7).

[11] 曾繁华．中国企业技术成长机制及竞争力研究——一个新的技术转移理论与应用分析框架 [M]. 长沙：湖南人民出版社，2001：228.

[12] 曾路．机遇与挑战——广东省对外科技合作的环境与对策 [J]. 科技管理研究，2001，(5).

[13] 成思危．企业集团与经济全球化中跨国经营 [J]. 中外管理评论，2002，(7).

[14] 联合国贸发会议跨国公司与投资司．1997 世界投资报告——跨国公司、市场结构与竞争政策 [M]. 储祥银，等译．北京：对外经济贸易大学出版社，2001：262，265.

[15] 联合国贸发会议跨国公司与投资司．1997 世界投资报告——跨国公司、市场结构与竞争政策 [M]. 储祥银，等译．北京：对外经济贸易大学出版社，2001：294 - 295.

[16] 吴蔚．新经济研究成果评估会议综述 [J]. 世界经济与政治，2001，(11).

[17] Jenkins, R, O. Dependent Industrialization in Latin American: the Automotive Industry in Argentine [M]. Chile and Mexico, Praeger Publishers, 1977.

[18] 联合国贸发会议跨国公司与投资司．2000 年世界投资报告——跨国并购与发展 [M]. 北京：中国财政经济出版社，2001.

[19] 何映昆，曾刚．跨国并购与东道国产业发展 [J]. 世界经济与政治，2003，(4).

[20] 比尔·盖茨．未来之路（中文版）[M]. 北京：北京大学出版社，1996：75.

[21] 郑淑荣．如何应对 IT 标准领域的数字鸿沟 [J]. 高科技与产业化，2003.

[22] 石林芬，唐力文．贸易自由化进程中的技术垄断策略 [J]. 科学学与科学技术管理，2003，(2).

[23] 寻柯．跨国公司的“技术锁定” [J]. 价格与市场，2003，(3).

[24] 邱立成．跨国公司技术转让的垄断性 [J]. 南开大学学报，1994，(3).

[25] Amy Jocelyn Glass, Karnal Saggi. Multinational Firms and Technology, The World Bank Development Research Group [Z]. Policy Research Working Paper, No. 2067, 1999.

[26] Mona Haddad, Ann Harrison. Are There Dynamic Externalities From Foreign Investment Evidence for MOROCCO [Z]. World Bank Working Paper, December 1991, No. 48. Germids, Transfer of Technology By Multinational Corporations, OECD, 1977.

[27] 何映昆，曾刚．跨国并购与东道国产业发展 [J]. 世界经济与政治，2003，(4).

（与彭光映合作，原载《武汉科技学院学报》2007 年第 4 期）

跨国公司全球技术垄断竞争力绩效测评指标研究

一、概念界定及问题的提出

技术直接推动经济增长，据一些著名经济学家估计，过去 50 年来发达国家经济增长中的 50% ~80% 来自技术进步。20 世纪 80 年代以来经济科技全球化过程与趋势表明：越来越多的国家和地区相互依赖于对方的技术、人才、制造方法、组织方法、市场和生产设计等。而人类目前所需要的很大一部分硬软件技术都是由跨国公司在开发、管理和垄断着。目前，西方跨国公司控制着世界生产总值的 40% ~50%，国际贸易的 50% ~60%，国际技术贸易的 60% ~70%，产品研究和开发的 80% ~90%，以及 FDI 的 90%。以跨国公司的创新产品、知识、诀窍、知识产权、人才等各种形式表现出来的技术正在全球范围内进行贸易、转让、转移和利用；跨国公司的研究与开发活动在不断向全球范围延伸，它们在全球各地投资于研究与开发，建立或参与国际战略性技术联盟，构建自己的全球性知识创新网络；许多跨国公司正在高技术开发方面开展合作，知识技术的开发、扩散和利用正日益在全球范围内进行，西方发达国家跨国公司越来越成为世界经济与科技发展的引擎与驱动力量。

全球竞争的新格局是以知识和技术为基础的竞争优势为标志的，而知识和技术的研发、成长、利用及其优势的取得本身又是在市场竞争中取得的。跨国公司技术与创新的全球化是其在国内进行技术与创新激烈竞争发展到一定阶段而溢出国界的产物，同时，跨国公司在全球技术的研发、生产、转让、垄断利用等过程中，因其所面对的全球性的创新市场及创新技术的不确定性，又存在着更为复杂更为激烈的全球技术竞争。与国内技术竞争相比，这种竞争在竞争环境、竞争对手、竞争目标与手段、竞争战略、竞争激烈程度、竞争所造成的影响及后果等方面，都存在着许多重大差异，因而是一种更高级阶段的竞争——全球技术竞争。

跨国公司全球技术竞争分为全球技术开发竞争、全球技术垄断竞争与全球技术利用竞争。本文主要分析其技术垄断竞争力绩效评价指标。

跨国公司全球技术垄断竞争力是指跨国公司在全球技术创新竞争过程中形成的技术垄断优势和由此技术垄断优势而决定的技术垄断竞争地位和能力。它具体表现为跨国公司对高新技术控制和垄断程度与水平的高低、控制范围的大小、技术垄断效率的大小等方面。

二、跨国公司全球技术垄断竞争力绩效测评指标

跨国公司全球技术垄断竞争可分为垄断性开发、垄断性控制与垄断性利用等多个方面，本文将从如下几个方面构建跨国公司全球技术垄断竞争力绩效测评指标。

1. R&D 投资强度指标。

R&D 投资强度是企业技术潜在竞争力的表征。跨国公司 R&D 投资的强度或集中率是指大型跨国公司作为一个整体其 R&D 投资占全国 R&D 总投资的比例，以及某一行业大型跨国公司 R&D 投资占世界该行业 R&D 投资总额的百分比，或某跨国公司在某一行业（产品）R&D 投资占世界同行业（产品）R&D 投资的比例等。一般说来，其百分比越高，说明跨国公司 R&D 投资的集中度越高和垄断程度越强，其潜在技术垄断竞争力就越大。据 1999 年联合国贸发会议跨国公司与投资司研究报告，如果以 R&D 支出作为指标，少数企业控制着工业化国家的 R&D。例如在美国，主宰美国 R&D 的公司几乎都是跨国公司，1996 年仅 50 家公司（总数在 41000 家以上）就拥有工业 R&D 的 50% 左右。在这些公司中，领先公司的身份发生了变化，与 10 年前相比，1996 年从事 R&D 的主要公司的 1/3 都是后来居上者。越是发达小国，其集中水平越高。20 世纪 80 年代初期瑞士仅 3 家公司就拥有全国 R&D 的 81%，荷兰 4 家公司占近 70%。

2. 新技术创新的频度（率）指标。

技术创新的频度（率）指标是指新技术创新的持久性，此持久性（力）取决于跨国公司连续不断地进行 R&D 投资的能力和进行改进性、替代性和开拓性等方面的研究能力与水平。如果跨国公司的创新频度很高，连续不断创新出的成果越多，不仅可以保持住现有的技术垄断地位，而且还创造出新的技术垄断优势，从而形成一种技术垄断优势成长的良性循环，可以进一步提升跨国公司的技术垄断竞争力。

3. 技术内部化交易比率指标。

跨国公司对高新技术、专有技术，特别是其中的核心技术一般在其公司体系内部子公司之间转移；对次新技术、陈旧技术或过时技术，或者无法再开发

的技术，一般通过外部市场向非子公司转移。高新技术内部交易比率的大小或高低，不仅反映出跨国公司对其技术控制和垄断程度的高低，同时也反映出跨国公司对其控制和垄断能力的大小。一般而言，全球技术内部化交易比率越高，说明跨国公司对其技术的控制和垄断程度越高，技术垄断竞争力越强，相反，则越低越弱。

4. 品牌的技术含量指标。

企业技术的积累、提升与垄断是品牌得以维持和品牌知名度得以不断提高的根基。技术是品牌的灵魂，品牌市场价值的大小往往与其技术含量的提升与垄断程度成正比。跨国公司要使品牌这棵长青树长盛不衰，必须对其开发的核心技术进行长期垄断而不能与别人分享。因此，对于许多跨国公司来说，品牌与技术就是一对孪生兄弟，它们是一种相互依存、共生共融、相互推动的关系；这种关系一是需要跨国公司对其核心技术的进行绝对控制与垄断；二是需要对新技术的不断开发、维护与提升；三是需要对品牌与技术进行强有力的市场整合，此市场整合能力的增强，不仅能提升品牌的市场价值，而且还可以进一步提高跨国公司的技术垄断竞争力。

5. 专利密度与强度指标。

技术的专利化意味着技术的垄断，技术专利越多，技术的垄断地位越高，技术的垄断竞争力越大。专利密度与强度是指跨国公司在某一行业相关技术的专利拥有量（密度和强度），尤其某一技术领域核心技术专利的拥有量。如果跨国公司在某行业产品的技术方面所拥有的技术专利多，密集度大，特别是其拥有的核心技术专利越多，则跨国公司全球技术垄断竞争力越强。如果在一个国家一定时期来自国外跨国公司申请的技术专利多，所拥有的技术专利的密度和强度大，则后者跨国公司的全球技术垄断竞争力越强。例如，据 1999 年联合国贸发会议跨国公司与投资司研究报告，在 1977 ~ 1996 年间拥有美国专利的国家中，最多的前 5 个国家（全部是 OECD 成员国）占 78%，前 10 个国家占 95%。由于发达国家的 R&D 投资以企业特别是以大企业为主体，所以这一宏观数据从某一侧面说明了发达国家跨国公司专利技术控制的密度与强度大，说明发达国家跨国公司全球技术垄断竞争力强大。

6. 技术联盟整合控制力指标。

由于跨国公司之间的战略技术联盟除了具有减少新技术开发成本与风险，提高新技术研发速度，从而提升企业技术创新竞合力外，还具有联合控制技术的发展方向与发展速度，构筑排他性技术壁垒（比如：确定技术路径、控制主流技术标准、实施专利保护），从而具有共同占有并维持、加强技术垄断竞争优势的功能。所以，战略性技术联盟越来越成为跨国公司共同实施技术垄断，提高其技术垄断竞争力的重要手段。

7. 技术并购整合控制力指标。

跨国公司以技术寻求为目的的并购除了具有提升自身新技术研发创新竞争力之外，还具有追求实施重要或核心技术垄断的重要目的。这一般有如下几种情况：(1) 通过并购获得与自己核心业务发展相关的核心人才（技术创新能力）和关键技术（专利），实现对核心技术及开发能力的垄断；(2) 通过并购，消除技术（同一技术路径）开发的竞争对手，实现相关技术的独家或绝对垄断；(3) 通过并购，消除竞争对手对替代技术（不同技术路径）的开发，巩固自身技术的垄断地位，延长自身垄断技术的生命周期等。因此，提高技术并购整合控制力，是跨国公司加强和提升技术垄断竞争力的重要途径。

8. 专利技术标准化地位指标。

企业技术化—技术专利化—技术专利标准化—技术标准垄断化—市场份额最大化—市场利润最大化，是跨国公司技术垄断竞争发展的核心路径，也是跨国公司实施技术垄断竞争的目标和方向。跨国公司间不同的技术创新竞争力、所拥有技术专利的密集度（特别核心技术专利的拥有量），及其市场运作能力等，决定着不同跨国公司在国际技术标准形成中的不同地位。这一般分为技术标准的外围者（接受者）、参与合作者、垄断主宰者等。技术标准形成中的不同地位决定了不同企业技术产业化过程中市场经营的成本与利润的大小。在市场运作能力相同的情况下，（在技术标准联盟中）居于垄断地位的跨国公司成本最小而利润最丰厚，合作参与者次之，而外围接受者付出的成本最大而利润最微薄。正因为如此，跨国公司总是不惜一切代价尽全力努力追求技术标准垄断者地位。一旦跨国公司在产业技术标准上的“跑马圈地”取得成功，跨国公司就可以凭借技术垄断地位在很长时间内坐收渔利，达到“赢者通吃”的效果。

9. 核心技术人才控制力指标。

跨国公司在技术上的创新与垄断关键是取决于其对技术人才，特别是对核心技术人才的控制与垄断。如果一个跨国公司对高新技术人才没有吸引力，有了人才留不住，留下来又发挥不了最大作用，这样的跨国公司是很难提高其全球技术创新竞争力，更谈不上提升其技术垄断竞争力的。在一个人才智力资源日益具有较高流动性的国际竞争环境中，跨国公司要提高人才的吸纳力和留续率，必须建立具有垄断竞争力的人才吸纳制度、使用制度、薪水报酬制度等，只有建立起具有核心竞争力的人才制度，才能使跨国公司在全球技术垄断竞争中，提高其对核心技术人才的控制力和垄断力。发展中国家的高科技人才之所以向发达国家流动，中国的高科技人才之所以大批向在华的跨国公司流动（跨国公司高科技人才很少向中国的国有企业或民营企业流动），一个重要的原因是因为其建立了具有核心竞争力的人才制度，这种人才使用上的吸纳力、控制力和垄断竞争力是跨国公司削弱其竞争对手，从而巩固和提升其技术垄断竞争地位的致命武器和法宝。

10. 全球技术监控网络指标。

跨国公司全球技术创新与监测网络的建立，不仅具有跟踪和开拓前沿技术发展的作用，而且还具有监控自身垄断技术当前和未来市场发展轨迹的功能，一方面，防止自身垄断技术在全球利用过程中不被泄密，另一方面监控世界各地自身专利技术被侵权的行为，以防止自身专利技术被竞争对手“搭便车”利用而不付费现象的发生，并通过合法的途径维护自身技术的垄断地位。因此，跨国公司全球技术监控网络的建立，就起到了维护和巩固其全球技术垄断竞争力的作用。

三、几点说明及研究意义

1. 对指标本身的说明。(1) 这些指标大多涉及跨国公司近年来其全球技术垄断竞争战略的新变化、垄断竞争过程及其成果的取得等许多方面；(2) 这些指标仅仅是二级指标，其中许多指标在应用时还要建立三级指标（体系），如技术联盟整合控制力指标、技术并购整合控制力指标等；(3) 在实证分析与应用时，要定性分析与定量研究相结合等。

2. 研究的目的与意义。西方发达国家技术创新的最重要的主体是企业。经济科技全球化及跨国公司全球技术竞争的发展通过多种形式把世界各国编织成了一个全球研究、开发、生产、销售网络，发达国家跨国公司在资本获得、研发能力、技术储备、技术人才、市场信誉等方面的综合优势，使其在全球技术竞争中处于垄断竞争优势地位。本文对跨国公司全球技术垄断竞争力评价指标体系的研究，其目与意义在于：中国企业在自主创新过程中，不仅要在技术自主开发竞争力下功夫，而且还要在技术垄断竞争方面做文章，从而对中国企业全球技术创新竞争力评价指标体系的建立，可以提供参考与借鉴意义。

（与陈曦合作，原载《湖北经济学院学报（人文社会学版）》2007 年第 4 期）

技术创新竞争力的新内涵及其借鉴与启示

——基于发达经济体跨国公司全球技术竞争新视角的分析

一、引言

目前，全球跨国公司母公司约有 7 万家，拥有约 85 万家海外分支机构。它们控制了世界生产总值的 40% ~50%，国际贸易的 50% ~60%，国际技术贸易的 60% ~70%，产品研究和开发的 80% ~90%，以及 FDI 的 90%。跨国公司的创新产品、知识、诀窍、知识产权、人才等各种形式的技术正在全球范围内进行贸易、转让、转移和利用，其研发活动在不断向全球范围延伸，发达经济体的跨国公司在全球技术竞争中扮演着主要角色，是科技创新全球化的最重要驱动力量。跨国公司科技创新全球化是其在国内进行科技创新激烈竞争发展到一定阶段而溢出国界的产物。与国内技术竞争相比，这种竞争因其所面对条件的不确定性而在竞争环境、竞争对手、竞争目标与手段、竞争战略、竞争激烈程度、竞争所造成的影响及后果等方面，都存在着许多重大差异，因而是一种更高级阶段的竞争——全球技术创新竞争。

二、技术创新竞争力新解

技术创新能力是企业发展技术能力的核心，企业要想超过或战胜技术领先者，就必须提高其技术创新能力。技术创新能力有多种分类。从战略上讲，发达经济体跨国公司的全球技术竞争包括全球技术研发竞争战略、全球技术垄断竞争战略和全球技术利用竞争战略 3 个组成部分；从技术创新竞争能力上讲，包括技术研发竞争力、技术垄断竞争力和技术利用竞争力。技术创新竞争力是这 3 种能力统一与有机融合而形成的合力。事实上，西方发达国家许多跨国公司不仅具有很强大的全球技术研发竞争力和全球技术垄断竞争力，而且还具有很强大的全球技术利用竞争力，只有同时具有上述 3 种竞争力的跨国公司才能在市场竞争中永远立于不败之地。因此，我们在研究技术创新能力的时候，如果单从其中某一个方面讲技术创新竞争力的强弱，是不全面或不准确的。

（一）技术研发竞争力

西方发达国家技术创新最重要的主体是企业。经济科技全球化及跨国公司全球技术竞争的发展通过多种形式把世界各国编织成了一个全球研究、开发、生产、销售网络，发达国家的跨国公司在资本获得、研发能力、技术积累与储备、技术人才、市场信誉等方面的综合优势，使其在全球技术竞争中处于优势地位。跨国公司技术研发竞争力是指其在全球各地从事研究、开发出符合市场需要的技术成果并将其商业化的能力与水平。

根据经济合作与开发组织的界定，“研究和实验开发是在一个系统的基础上的创造性工作，其目的在于丰富有关人类、文化和社会的知识宝库，并利用这一知识进行新的发明”。它是创新的前期阶段，是创新的投入和创新成功的物质和科学基础。它包括科学和技术的基础研究和应用研究以及原型机和工艺方法的设计与开发等。在研发作为系统的创造性工作中，原型设计包括了新产品或新工艺全部特征和性能的初始模型，而原型验收则意味着研发阶段的终结和创新过程下一阶段的开始。企业的研发能力可以分别从企业的基础研究、应用研究和开发研究等方面加以衡量。

（二）技术垄断竞争力

经济垄断是把同行业市场中企业数量的多少和企业产品在市场上所占份额的大小作为判断企业垄断地位的标准。技术垄断则是指跨国公司为维护和巩固其技术领先优势而对先进技术、核心技术等进行保密、封锁和控制。垄断缘于竞争，它在竞争的过程中产生并凌驾于竞争之上。在经济科技全球化的背景下，只有垄断才有竞争力，当然这种垄断是通过竞争产生的。英国著名跨国公司理论专家约翰·邓宁和金德尔伯格等认为，跨国公司的最大优势是技术垄断优势，技术优势是跨国公司跨国经营的立身之本。跨国公司的所有特性，都与控制技术的开发与使用有关。海默的垄断优势理论将跨国公司的技术优势视为其拥有的最重要的垄断优势。有关资料表明，在跨国公司的早期形成过程中，技术垄断起到了举足轻重的作用。据美国学者 M. 威尔金斯对这一时期跨国公司成长过程的考察，美国现代跨国公司的创始人许多都是 19 世纪末期的工业技术发明家，如 I. M. 辛格、

A. G. 贝尔、T. 爱迪生和 G. 威斯汀豪斯等。这些发明家都是依靠技术发明和技术垄断而发迹的。他们通常利用专利制度取得对技术发明的垄断权，进而利用技术垄断地位建立和垄断国内外相关产品的生产和市场。通过技术垄断战略的实施，可以维护其技术垄断地位，通过延长其新技术产品的使用寿命与周期，不仅可以收回其研发成本，而且还可从技术的不断利用中取得更多的市场“租金”。跨国公司实施技术垄断既是为了控制和巩固其竞争地位，也是为了实现长期的市场控制从而达到技术垄断利润的最大化。而且跨国公司的技术垄断程度越高，它就越不愿意把自己的新技术转让出去，以免在东道国市场培育出竞争对手。跨国公司往往根据全球经营战略规划，来确定其技术垄断战略的制订与实施，根据其垄断战略来决定新技术是封锁不用（将来使用）还是在国内生产然后出口产品；是对外直接投资还是技术转让；是在发达国家投资还是在发展中国家投资；是建立独资企业还是建立合资联盟企业；技术是转让给发达国家还是转让给发展中国家等。对跨国公司的全球技术垄断，还可以从技术开发的垄断、垄断性控制及垄断性利用等不同侧面进行分析。总之，跨国公司全球技术垄断竞争力是指跨国公司在全球技术创新竞争过程中形成的技术垄断优势和由此技术垄断优势而决定的技术垄断竞争地位和能力。它具体表现为跨国公司对高新技术控制和垄断的程度与水平、控制的范围、技术垄断的效率等。

（三）技术利用竞争力

跨国公司全球技术研发创新、全球技术垄断的最终目的是使其拥有的技术优势在全球最大限度地转化为商业利益。技术创新是重要的，拥有自主知识产权更重要，但是知识产权能够为企业带来持续的经济效益才是最根本的。跨国公司全球技术利用实际上是跨国公司以其拥有的技术作为核心资源或核心能力，通过对各种技术利用方式的选择与权衡，确定每一种（组）技术的最佳利用战略模式，以谋求技术全球利用效益的最大化。技术具有“公共物品”的性质，即对于任何给定的技术，增加技术的利用都不会减少原有的技术存量，不会影响对原有技术的使用。因此，在技术开发成本一定的条件下，在更广的范围内增加技术的使用，其边际成本很低，但却能大大增加技术开发投资的利润。H. G. 约翰认为，既然由于在扩大的市场上应用知识而带来的额外收益都是最初投资与知识创造的资本利润的净增加，那么，公司便具有将其经营扩展到可以增加利润的任何市场的动力。跨国公司一旦确立了技术垄断地位，垄断资本就要垄断一切市场，就不仅要从国内市场上，同时还要从国外市场乃至国际市场上将竞争者排除掉。从国内垄断发展到国际垄断后，垄断组织的形式也就转变为跨国公司。技术创新与技术垄断优势促使创新公司经营国际化、全球化。美国经济学家曼斯费尔德曾经指出：公司转变为跨国公司通常就是为了在更大的范围内利用它们的技术优势。总之，跨国公司的全球技术利用竞争力是指跨国公司根据其全球经营战略安排，充分利用其垄断技术优势，并使其技术利用的全球市场利润最大化的市场运作能力。

三、借鉴与启示

研究跨国公司全球技术创新竞争问题，对于我们深刻把握跨国公司作为一种全球最具核心竞争力的产业组织的特性与本质及其经济技术活动的实现形式，对于我国跨国公司的成长及其全球技术创新竞争力的提升等都具有极其重要的战略指导意义。

（一）跨国公司技术垄断的本质

跨国公司的全球经营活动是以其技术垄断优势作为基础与根基的，任何跨国公司如果失去对其开发的核心技术与先进技术的垄断，其全球经营活动将丧失利益的支点，跨国公司的做强做大将失去原动力。所以，跨国公司追求其先进技术的自然垄断、法律垄断及经营与利用的垄断，是其古往今来时刻傲视全球的刹手锏。因为一方面技术的全球垄断通过市场空间的倍增效应与市场进入的壁垒效应，可以创造人间美丽的经济景观与财富奇迹；另一方面技术的全球垄断可以锁定、左右与控制技术发展的路径、方向、速度与类型，其目的是扼制东道国竞争对手，要么使其技术与市场地位边缘化，要么置对手于死地或消灭竞争对手；同时，技术的全球垄断还是这只经济恐龙与发展中东道国政府“讨价还价”的博弈筹码与利器，虽然跨国公司在其垄断性技术的全球利用过程中存在部分成熟技术、边缘技术、边际技术甚至过时技术的外溢现象，从而使发展中东道国有可能看到通过“模仿战略”“跟进创新战略”或“技术引进战略”等形式来提升本国产业技术水平的曙光，试图在全球市场份额与利润“蛋糕”争夺战中分一杯羹，但事实是，在过去的40年中，全球只有3~4个国家实现了“跨越式”发展，大多数发展中国家及其企业现今只能在全球技术竞争的“混战”状态中，处于全球产业价值链的低端市场。

（二）技术规则与市场规则之间的全球协调和制度安排被提上议事日程

跨国公司全球技术竞争的路径是：企业技术化→技术专利化-→专利标准化→标准垄断化→市场垄断，其最终的结果即全球技术与市场的格局，一方面是发达国家及其跨国公司的“双边垄断”（即技术垄断与市场垄断）形成了发达国家技术开发竞争力强→技术垄断竞争力高→技术利用竞争力提升→市场经营权网络扩张力大→市场利润膨胀→世界财富巨额积累；另一方面是广大发展中国家技术开发竞争力弱→技术垄断竞争力差→技术利用竞争力不高→市场经营权网络扩张力小→市场利润缩小→世界财富积累水平低。目前，这种由发达国家“双边垄断”所导致的广大发展中国家及其企业的“双重边缘化”（即技术边缘化与市场边缘化）是全球财富积累贫富两极分化的最根本原因。发达国家的全球技术垄断战略如专利制度，犹如发达国家的粮食和发展中国家的毒药。目前发达国家已经做到并且现在和将来要做的是：自己已经爬上楼梯而把梯子拿掉，不让发展中国家上楼，通过维系和巩固这种“双边格局”，来达到长期维持南北国际分工格局和资本技术知识密集型产品与劳动资源密集型产品不等价交换的现状。因此，广大发展中国家目前要做的，不仅仅是加大技术开发力度，多创造出有自主知识产权的技术成果，更主要的是在全球争取公正、合理的技术与市场“游戏规则”。一方面，虽然技术是其研发者预测市场需求的产物，且技术又可以创造市场，但技术的研发、垄断及其利用应该有“游戏规则”。另一方面，市场存在产权界定与制度安排问题。市场在孕育技术、拓展技术利用市场空间及其利基的同时，对技术的垄断性也不能无限度地放大。因此，在这里有一个“技术产权”与“市场产权”、“技术游戏规则”与“市场游戏规则”的关系处理问题，“技术与市场”之间的制度的重新安排及规则的全球协调，不仅是经济学与管理学必须研究的一个全球性重要课题，而且其重要性已被提上全球议事日程。

（三）我国企业应该在“干中学”过程中提升自己的全球技术创新竞争力

据有关资料统计，目前我国发明专利的数量仅为美国、日本的1/30、韩国的1/4。近15年来，外国企业和我国企业在我国申请发明专利的比例是6.4∶1，外国企业在我国申请专利的比例很大。目前我国对外技术依赖度已超过50%，发达的创新型国家拥有世界专利发明量的99%，我国只有万分之三的国内企业拥有真正的自主知识产权。改革开放30年来，我国的综合国力有了明显的提高，但在目前的世界500强企业中，我国入围的企业只有22家。如此等等不仅说明我国的技术研发能力弱，技术垄断竞争力差，而且其全球技术利用能力也有限。在创新资源及其技术垄断竞争力已成为当今全球竞争的焦点，世界科技发展不均衡大于世界经济发展不均衡和当今绝大多数领域的技术制高点都被发达国家所控制的条件下，我国企业如何在提升自主技术创新能力的同时，学习、模仿与借鉴发达国家跨国公司全球技术研发、技术垄断及技术利用战略的本质与经验，从而提高其全球技术创新竞争力显得尤为重要。

因此，本文基于对技术创新竞争力内涵与外延的扩展与丰富而确立的研究思路，也为企业（包括产业、区域及国家等）提供了一个新的提升其全球技术创新竞争力的理论与应用分析框架。也就是说，一个企业或国家技术创新竞争力的提高，不仅要在技术研发竞争力上下功夫，不仅要在技术垄断竞争力上尽全力，而且还要在技术利用竞争力上投入更大的力量。只有上述3种竞争力同时得到提升，才能表明一个企业或国家的技术创新竞争力有了进步或得到了提高，才能为现在和将来在以跨国公司为主角的全球科技竞争中成为竞争的强者，才能达到“赢者通吃”的效果，才能使民族国家在世界财富这一大“蛋糕”中分得更多更大的财富份额。

参考文献

[1] 曾繁华. 中国企业技术成长机制及竞争力——一个新的技术转移理论与应用分析框架 [M]. 长沙：湖南人民出版社，2001.

[2] 曾繁华. 跨国公司全球技术成长战略模式 [J]. 中共天津市委党校学报，2006 (1).

[3] Hymer, S. H.. The International Operations of National Firms: A Study of Direct Foreign Investment [M]. Cambridge: MIT Press, 1976.

[4] H. G. Johnson. The Efficiency and Welfare Implications of the International Corporations [A]. in C. P. Kindlberge (ed.) [C] The International Corporation, MIT Press, 1970.

[5] 联合国贸发会议跨国公司与投资司. 1997 世界投资报告 [M]. 储祥银，等译. 北京：对外经济贸易大学出版社，1998.

[6] 曾繁华. 跨国公司全球技术垄断竞争力绩效测评指标研究 [J]. 湖北经济学院学报，2007 (4).

[7] 曾繁华. 跨国公司全球技术垄断竞争战略研究 [J]. 武汉科技学院学报，2007 (4).

[8] 鲁贵宝，曾繁华. 我国建设创新型国家的科技创新政策研究综述 [J]. 科技进步与对策，2007 (8).

[9] 曾繁华. 跨国公司全球技术垄断目的、成因及垄断性利用的后果 [A]. 彭星闾. 春华秋实 [C]. 北京：中国商务出版社，2007.

[10] 曾繁华. 跨国公司全球技术开发研究竞争力绩效测评指标研究 [J]. 科技进步与对策，2007 (1).

（与彭光映合作，原载《科技进步与对策》2008年第2期）

产业层面

产业技术垄断竞争力研究

（一）引言

作为一种社会化大生产产业组织形式，如今垄断与技术之间关系业已发生了深刻变化，技术垄断本身就是一种竞争力。因此，如果我们像过去一样笼统地反对垄断，将技术垄断看成是低效率的机构，人为地限制企业规模，不仅会严重制约企业技术创新，上升到国家层面还会严重威胁到国家产业技术安全并阻碍国家产业技术垄断竞争力提升。

（二）技术垄断也是一种竞争力

目前，西方发达经济体正在实施"知识产权立国"战略，并正在全球牟取知识产权霸权和牟取知识产权暴利。跨国公司正以技术垄断为依托，将技术标准与知识产权相结合，推行知识产权战略，以提升其全球技术垄断竞争力。

1969 年开始长达 10 多年的 IBM 行业标准反垄断诉讼案不了了之，到 1984 年 AT&T 公司遭分拆致使其创新每况愈下；从微软反垄断分拆流产案，再到美国对波音与麦道、AOL 与时代华纳等大公司合并大开绿灯；从 20 世纪五六十年代美国知识产权保护松懈致使日本以模仿创新后发崛起成为仅次于美国的经济大国（2010 年位于中国后）而处处对美国构成挑战这一刻骨铭心的教训，再到跨世纪微软－英特尔（"Wintel"）架构形成对信息技术垄断等。这一系列案例表明：（1）反垄断法在当代有新价值取向：鼓励创新与效率优先。（2）美国等西方发达经济体，欲以技术垄断优势为依托，做大做强民族企业并提升国家全球技术垄断竞争力的国家政策意图非常明显。其中始终贯彻国家利益至上、本国企业利益至上的国家原则，即国家利益高于个体利益、本国企业利益高于外国企业利益。（3）西方发达经济体以知识产权保护为外衣，在全球谋求技术垄断霸权及提升其技术垄断竞争力的深刻本质日益凸现，因此，西方国家反垄断绝对不是为了消除垄断，而是试图抑制其负效应而最大限度利用（技术）垄断并在全球获取最大经济效用，从而在全球确立其垄断竞争优势地位。

（三）不同类型垄断差异比较

一般来说，企业对市场垄断程度越高，获得垄断利润越大，就越不愿意将技术转移到东道国，以免在东道国市场上培育出一个强劲的竞争对手。技术垄断是市场对技术创新竞争成功者奖励，传统垄断可以通过市场化手段打破，但技术垄断由于其技术本身独特性、独有性、难以逆转性及合法性，打破此局面除了要付出极为沉重经济代价外，唯有进行技术突破并成为新的技术垄断者。如表 1 与表 2 所示，通过技术垄断与其他垄断类型对比，可见当代技术垄断的特征。

表 1　技术垄断与资本垄断（传统垄断）的差别

	实施手段	一般特征	垄断对象的特征	案例	反垄断规制对象侧重点发生突变
资本垄断	联合、兼并、资金、规模、价格及市场控制率	任意抬高价格、销售伪劣产品、强行搭售等	有形财产或实物如石油、金属铝等具有显性特征、实物性和非法性	过去如标准石油、美国铝公司、美国电报电话公司等单个企业垄断整个行业	传统反垄断法主要针对市场结构状态，如市场占有率超过 80%（美国）
技术垄断	核心技术、专利、专有技术、技术标准	如微软免费搭售、创新降低价格、提高产品质量、没有销售伪劣产品	无形财产或无形产品如技术、专利等隐性特征、无形性与“合法性”	现在如微软、英特尔、6C 联盟、3C 联盟、高通公司等	现在反垄断规制对象侧重行为状态，规制手段依据合理原则，需要考虑多个因素、甚至个案特性

表 2　不同类型垄断市场力量变化趋势

	手段	对市场的影响	特征	生命周期	壁垒效果	趋势
市场垄断	卖产品	不能形成左右市场的行业力量，具有不持久性	低层次、卖力气赚劳务费	产品和企业寿命周期短	壁垒效果差，随时可被突破	难以做大做强
行政垄断	行政	价格是利益集团博弈与政府监督的结果。随着引入竞争机制和市场化改革，具有不持久性	低层次、权利利益再分配	取决于体制变化与政府态度	政策准入壁垒	政府决策与体制变化
技术垄断	技术与标准	可形成左右行业发展的市场力量，掌握定价权，具有可持久性	垄断在质上的超越与性质的根本变化	产品和企业寿命周期长	技术与产业壁垒夯实	可以做大做强

（四）产业技术垄断竞争力理论构建

1. 技术垄断的竞争性及其缘起。1912 年经济学家熊彼特在其经典著作《经济发展理论》中，在论述技术创新理论内涵时，曾明确指出“实现任何一种工业的新的组织，比如造成一种垄断地位，或打破一种垄断地位”是创新的重要内容之一。从海默与金德尔伯格的垄断优势理论，到当代世界 500 强企业，依靠核心技术形成垄断竞争优势的案例很多。但长期以来，国内外学术界对企业技术垄断竞争力理论研究较少或不够深入。

产业技术垄断竞争力是一个能力系统，是由相互联系的诸要素（子系统）构成的完整的大体系，是企业等技术创新机构对其所拥有的各种创新资源进行有效整合的能力。一方面，此能力的有效开发与利用，可以支持企业技术垄断竞争战略的实现；另一方面，企业技术垄断竞争战略的实施又可以提升企业技术垄断竞争能力。关于垄断竞争概念，著名经济学家张伯伦认为，每个人都是垄断者同时又是竞争者，这种“起作用的力量”就是垄断竞争。产业技术垄断竞争就是这种技术垄断与技术竞争并存和技术垄断性竞争与技术竞争性垄断并存的动态性技术运行与成长范式。虽然技术垄断是在技术自由竞争基础上发展起来的，是作为技术自由竞争的对立物而存在，但是技术垄断代替技术自由竞争，并不是一般地消除竞争，而是由技术自由竞争转化为技术垄断竞争，从而引发更为尖锐复杂的竞争，这种技术垄断竞争与技术自由竞争相比，在竞争目的、竞争手段、竞争激烈程度及竞争范围等有许多不同的特点。由于垄断并没有消灭市场竞争机制的基础与动因，加上还存在着大量“局外企业”，所以技术垄断地位本身还具有竞争特性。

2. 技术垄断地位的竞争特性表现。就垄断地位的动态过程性来说，技术垄断地位的竞争特性表现在：（1）这种垄断地位的获得本身来源于竞争，是竞争的结果，即试图获取技术垄断地位的竞争者必须通过竞争机制来获取垄断身份；（2）技术垄断在位者为维持、维护、加强与巩固已经取得的垄断地位需要与自我竞争以及其他技术垄断者进行激烈竞争，不断扬弃自我与超越自我，实现技术产业化与市场化，获得技术垄断利润最大化。而一旦技术垄断者在技术创新上停滞不前，其垄断地位也将随之消失。如 20 世纪 70 ~ 80 年代，IBM 在电脑领域处于垄断地位，掌握着行业标准，但由于其对技术持续创新不够，被微软、康柏、戴尔等小公司后来居上，IBM 的技术标准垄断地位也随之消失。这也说明技术（标准）垄断与传统的资本垄断更具有暂时性、脆弱性、复杂性及不确定性等特征。

就市场经营主体间关系来看，技术垄断地位的竞争特性还表现在：（1）技术垄断者内部的竞争；（2）技术垄断者之间的竞争（差异化技术及其产品与服务等）；（3）技术垄断者与非技术垄断者或“局外企业”及中小企业之间的竞争；（4）技术垄断同盟之间的竞争；（5）技术垄断竞争不仅体现在不同产业之间

（如制药、化学等行业），而且还体现在产业价值链并存的不同环节之间（如计算机产业、VCD/DVD 影碟机市场、移动通信等上游企业与下游企业之间）。

3. 产业全球技术垄断竞争力内涵与构成。产业全球技术垄断竞争力可分为垄断性研发能力、垄断性控制能力与垄断性利用能力等多个方面，其中包括技术垄断竞争力的来源与动力、环节与系统控制、性质与特点、子系统构成要素、组织管理模式及成长机制等方面的问题。

由于技术垄断竞争力是技术垄断性研发能力、技术垄断控制能力及技术垄断性利用能力三力的统一与融合而形成的合力，技术垄断竞争力的水平应该从这 3 个方面进行整体系统考察与评估，而不能仅仅从其中的某一维度指标进行绩效分析。有些企业具有很强的自主研发能力，但其技术成果的市场化能力较差，有些企业技术成果产业化能力较强，但自主研发能力较弱，还有的企业研发或利用能力较强，但其垄断竞争控制能力较弱；有的公司此三方面的能力均很强大。正如台湾中山大学刘常勇（2006）所认为的："创新成果绩效还是要由整体系统来评估，而不能只看单项活动的绩效。同样地，有些公司与顾客互动密切，但却无法领先开发功能优异的差异化产品来满足顾客需求。"

（1）产业全球技术垄断性研发能力。垄断性研发能力是技术垄断竞争力的主要源泉，该理论的研究主要包括先发制人 R&D 理论、持续创新理论、全球技术研发一体化理论、开放式自主创新理论、精益研发理论等。其涉及该能力来源与动力、环节与过程控制、性质与特点、子系统构成要素、组织方式及成长机制等方面问题。

（2）产业全球技术垄断性控制能力。技术垄断性控制能力涉及到技术垄断性控制能力的来源与动力、环节与系统控制、性质与特点、子系统构成要素及成长机制等问题。

（3）产业全球技术垄断性利用能力。产业全球技术垄断利用能力依托于产业内企业的全球技术垄断力，通过企业的全球经营战略安排、垄断技术优势与技术利用能力，实现产业的全球市场利润最大化的市场运作能力。产业获取垄断利润，依赖于其技术垄断竞争力，但获取垄断利润能力的大小直接是由其技术垄断的利用能力决定的。因此，该理论包括产业技术垄断的市场转化能力、全球网络控制力与全球产业价值链地位等问题。它同样涉及到该能力来源与动力、环节与系统控制、性质与特点、子系统构成要素及成长机制等问题。

4. 产业全球技术垄断竞争力链循环。技术垄断性研发能力是产业技术垄断竞争力形成的源泉；技术垄断性控制能力是产业技术垄断竞争力形成的根本保障，而技术垄断性利用能力是产业技术垄断竞争能力市场化、产业化实现的途径与最终归属，同时，后者的市场利润又是产业研发资金最重要来源，从而形成一种产业技术垄断竞争力成长与提升的良性循环链。研究产业技术垄断竞争力实际上就是探讨如何发挥技术创新主体在这3个方面（子系统）的创造性潜能、力量与水平。知识、技术及其创新能力已成为影响全球财富分配体系的重要决定力量。

（五）建立以技术垄断为主导的市场结构参与全球竞争

垄断在中国近年已成为舆论之公敌，主要原因还是我国大型垄断企业都是国有企业，大型国有企业除拥有市场规模控制力，还拥有行政资源，获得了民营企业所不具备的行政垄断，有扭曲市场资源配置之嫌。就其根本还是因为其打破了正常市场秩序，垄断公司利用垄断权力获取的垄断利润，是以其他行业的低利润作为代价，而且打击了社会创新动力，不利于中国技术进步与产业升级。中国要想参与国际竞争，必须建立自己的全球技术垄断竞争力，打破资本垄断、市场垄断与行政垄断，而这需要资本市场创新，解决企业的资本需求，建立行政权力市场干预约束机制，杜绝不合理市场干预，建立公平市场竞争环境，保护知识产权，维护正当技术竞争获取的垄断权力与垄断利润。

在经济全球化背景下，中国粗放型经济增长方式必须向集约型转变，而这需要培育我国的产业技术垄断竞争力，提高参与全球竞争的能力，充分利用国内外市场。但发展中国家在向发达国家发展转型过程中，通常都会遇到“中等收入陷阱”，而导致转型失败，关键就是参与全球竞争中，未能建立产业全球技术垄断竞争力，向上缺乏发达国家高技术优势，向下缺少发展中国家的成本竞争优势。中国如何走出技术垄断竞争力“恶性循环”的怪圈？需要不断完善技术垄断竞争力理论研究，以及提高我国各行业技术垄断竞争力，实现我国产业全球技术垄断竞争力的“良性循环”。技术垄断竞争力理论，着重解决的是产业技术垄断竞争的3个核心问题，即垄断性研发、垄断性控制及垄断性利用问题，而且这三者分别构成3个子系统，即技术研发竞争系统、技术控制竞争系统及技术利用竞争系统。只有这3个系统中的科技资源得到最佳配置或其资源配置效率最佳，则3个系统的竞争力同时得到增强，并形成一种持续性良性循环，则技术垄断竞争力大系统的竞争力才能得到持续提高。我国可从这3个系统做出相应政策调整，整合3个系统，将我国的政府、高校、企业以及社会科技资源进行整合，实现科技资源有效配置。在国内各个行业鼓励有技术垄断竞争力的公司发展成跨国公司，参与世界竞争，培育以技术垄断为主导的市场结构，带动整个产业参与全球竞争。

参考文献

刘常勇：《创新的赢家》，《北大商业评论》2006年第5期。

（与赵祯煜、游保德、蒋永生合作，原载《管理世界》（月刊）2013年第1期）

微笑曲线视角下的我国制造业竞争策略及其演化

制造业是我国国民经济的中流砥柱，尤其是改革开放以来，制造业牵引着我国经济高速增长。但近年来我国制造业面临产业链陷阱：赚着较少的钱，耗着最多的能源，造成越来越严重的污染，受着侵权制裁的压力，甚至还背上倾销的恶名。大到“多收了三五斗”的我国汽车业，中到“专利费压身”的 DVD，小到“倾销诉讼”的打火机，诸多案例表明：虽然“中国制造”开始在全球获得越来越多的影响力，但我国制造业企业的地位确实像“国际民工”，只是一个打工者，赚一点辛苦钱，在国际分工与竞争格局中获得的利润远低于那些负责核心技术研发和品牌行销的国外企业，我国制造业处于价值链陷阱。

我国制造业如何走出价值链陷阱，赢得竞争优势，成为可持续发展的“世界工厂”？本文试图从“微笑曲线”理论视角，研究我国制造业竞争策略及其现实选择，其具有重要的理论与现实意义。

一、微笑曲线模型及其演化

宏碁集团的创办人施振荣先生根据从事电脑及周边设备制造业的丰富经验，在 20 世纪 80 年代末率先提出了形象而生动的“微笑曲线”理论，并成为 IT 产业分析的重要依据与基础。宏碁集团正在秉承这一战略思想，紧紧抓住了上游的研发创新与下游的营销创新两大环节，不仅使宏碁（ACER）成为业内最成功的品牌之一，而且其微笑曲线理论及宏碁公司的发展过程也成为成功的经典案例。

（一）微笑曲线模型的经济解释

在全球化的背景下，信息技术企业在累积了附加价值最低的中游部分（零组件制造与总装）的足够经验与能力之后，只有不断创新进取，向微笑曲线两端逐步升级，即升级上游的研发、设计与下游的广告、促销、分销与服务，才能争取竞争的主动，扩大附加价值及利润空间。微笑曲线理论如图 1 所示（图 1 只是一种定性描述，没有严格界定具体尺寸大小与长短的定量意义）。

著名管理学家迈克尔·波特价值链分析模型揭示了同样的规律。波特不仅着重研究单个企业内部的价值链联系，更将战略规划的视野扩展延伸至整个产业的价值链，强调指出上、中、下游增值空间的差异，及维持上、下游竞争优势对构筑企业核心竞争力的重大意义[1]。

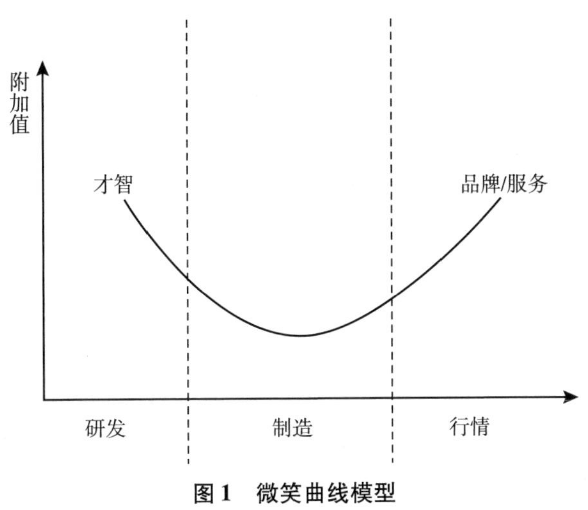

图 1　微笑曲线模型

（二）微笑曲线模型的行业演化

在不同的制造行业，上、中、下游增值空间差距较大，因而具有不同的微笑曲线模型（见图 2）。

图 2 列出了耐克球鞋（A－A'）、手机产业（B－B'）及资金—技术密集度更高的其他高新技术产业（C－C'）3 组曲线。其中位于价值链中游的任意动点 a_2、b_2、c_2 的附加价值为最低，而上游的动点 a_1、b_1、c_1 与下游的动点 a_3、b_3、c_3 具有较高的附加价值，随着上游动点向曲线左端移动，而下游动点向曲线右端移动，上、下游与中游之间附加价值的差距也将越来越大。而曲线 A－A'、B－B'、C－C' 之间的位置差异正反映了不同行业因素对曲线空间位置的影响，资金和技术密集度越高的产业，其曲线的位置越高，曲线弯曲度也越大。

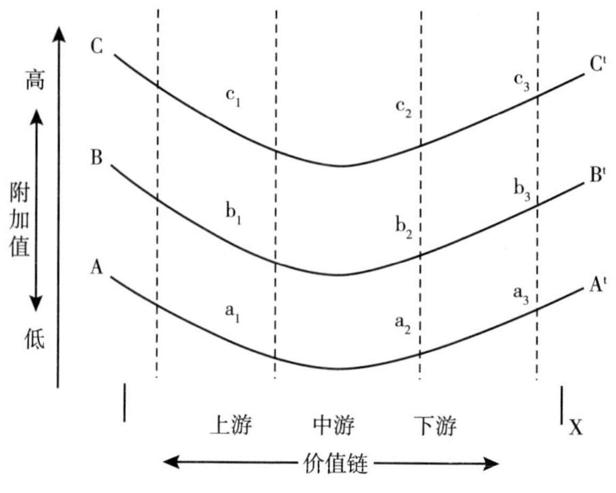

图 2 不同行业的微笑曲线

$A-A^t$：耐克球鞋的微笑曲线；
$B-B^t$：手机产业的微笑曲线；
$C-C^t$：其他高新技术产业的微笑曲线。

（三）微笑曲线模型的历史演化

在 20 世纪 70 年代，商品基本上由“发达工业国家”生产。由于制造工艺的标准化以及“模块化”技术的发展，产业内的各工序可以被调整和分割，进入壁垒随之不断降低，从事生产制造环节的企业数量不断增大、竞争更加激烈、议价和控制能力逐渐变弱，“微笑曲线”弧度变得更加陡峭。面对制造环节的利润递减，发达国家把低附加值的生产工序委托给发展中国家，将竞争重点从产品制造逐步向产业链的两端转移，从而致使价值链上研发与品牌环节利润递增。因此，随着时代变化，产业结构的“微笑曲线”上凹深度逐渐增加（见图 3）。

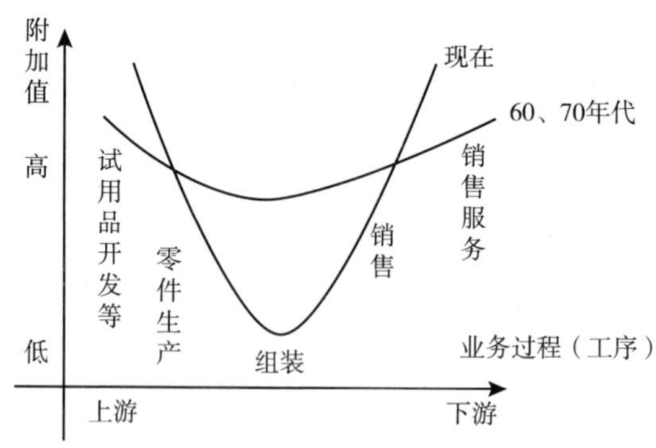

图 3 不同时期的微笑曲线分析

二、基于微笑曲线的竞争策略

博弈中各博弈方的决策内容称为“策略”，竞争策略通常是对经济行为取舍、经济活动水平等的选择，被誉为在不断了解对手的过程中战胜对手的一门艺术[3]。从微笑曲线模型来看，采取“微笑策略”，攻守兼备，无疑是我国制造业竞争策略的现实选择。

（一）力争上游、研发创新，实施自主知识产权策略：三星模式

韩国三星的崛起是一个被多次引用而又被反复误读的案例。很多人将三星奇迹般的成功主要归结于品牌和营销面的成功，而经常忽视了其早在20世纪90年代初期在数码技术研发方面取得的专利成就，其为三星后来的崛起创造了良好的基础。“大赌才能大赢”，三星在数码技术研发方面的重金投入成就了三星后来在数码领域的成就[4]。

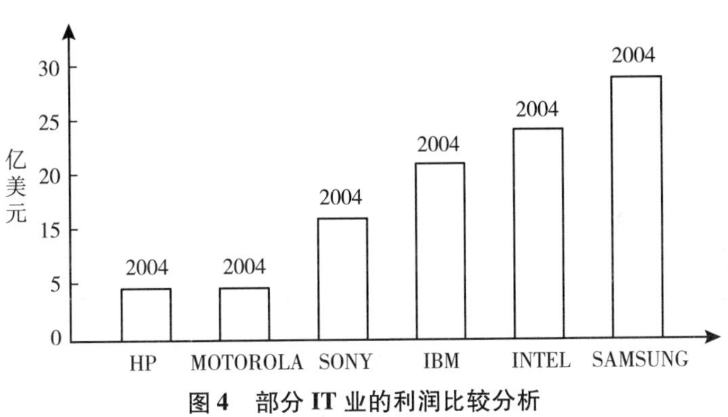

图4　部分IT业的利润比较分析

企业只有在有效竞争的格局中，才能获得合理利润，并实现技术创新良性循环。技术创新使企业在产品差异和相对成本上取得优势，从而获得合理利润，促进有效竞争的形成和发展，技术创新与有效竞争存在因果链效应[5]。因此，企业应该是实施自主知识产权策略的主体，我国制造类企业应审时度势、有所为有所不为，力争微笑曲线的上游——研发创新，并转化为自主知识产权，从而打造可持续的竞争优势，抢占制造业的制高点[6]。

力争上游、研发创新，实施自主知识产权策略，主要深受鼓励自主知识产权的环境制约。首先，文化环境的制约。在对待研发创新缺乏社会宽容的文化环境下，我国企业家在创新方面先走一步，一个国家不需要所有企业都研发创新，但

一定要有一些领导企业走在前面。其次，制度环境的制约。知识产权从来就具有促进与制约知识经济的两面性，我国目前的知识产权战略体系，需要从单纯的知识产权保护这种片面格局，转向知识产权保护与限制知识产权人滥用权利并重的整体方针。最后，市场环境制约。我国制造业目前大量地投资生产、占领市场所带来的回报，远比投资研发得到的收益来得容易与丰厚，只有当我国企业发展到一定程度之后才会加大研发投入。

力争上游、研发创新，实施自主知识产权策略。一是应遵循最自然的市场规律。有关专家指出：处于发展中国家的我国制造业，通过研发快速提升为高端产业并不符合我国国情。但完全可以集中资源，在一些细分领域赶上甚至超越跨国公司的水平。二是应增加研发的投入。我国目前研发费用占 GDP 的比例只有 1%，相对而言，日本和韩国则在 2% 以上，有的国家甚至将近 4%。正基于此，经济学家吴敬链等多次呼吁政府应增加基础研究的投入，以增加经济发展的后劲。三是需要战略眼光。我国企业必须将研发创新作为一项长期的战略选择来对待。我国企业要更具有想象力和冒险精神，通过技术研发创新来追求产业领导者的地位。靠产业链中低级的发展来带动我国经济整体的增长，从资源的角度来讲是不可持续的，从长远来看是没有前途的[7]。

（二）守住中游、蓄势待发，实施比较优势策略：富士康模式

富士康从事 PC 代工业务，虽然利润微薄，但大量的订单和娴熟廉价的劳工形成规模效应，使富士康成为世界上 PC 代工业务最大且享誉盛名的厂家，就业人数达 50 万。

从新古典增长理论的角度来看，无论是发达国家为了实现制造业可持续增长目标，还是发展中国家要摆脱“微笑陷阱”的格局，均要依赖技术进步。因为在没有技术进步的情况下，资本边际报酬会趋于递减，所以，引导技术进步是我国 IT 制造业走出微笑陷阱、实现可持续发展的关键。

只有按照经济的比较优势来组织生产活动，企业和整个经济才能最大限度地创造经济剩余。相反，如果企业的生产组织方式违背经济的比较优势，该企业就不可能创造足够的利润，甚至经营亏损或者失败。此时，整个经济积累经济剩余的能力就受到损害，其用于创造高级生产要素的投资数量也必然会减少。而且，人力资本的作用和物质资本的作用是互补的，单方面提高人力资本，而没有一定的物质资本与其配合，高人力资本无法发挥其最大的生产力，这是许多发展中国家在进口最新的技术设备时，无法充分发挥这些机器、设备设计能力的原因之一。

因此，遵循比较优势，充分利用现有要素禀赋所决定的比较优势来选择产业、技术、生产活动，是企业和国家具有竞争力的前提，也是不断积累以能够生

产更“高级”生产要素的必要条件。守住中游、蓄势待发，实施比较优势策略是当前竞争格局中的权宜之计、明智之举、现实之策。

发展一个与经济的比较优势相一致的产业和技术结构，是加速经济增长、实现与发达国家经济发展水平相近的关键。欠发达国家把要素禀赋的比较优势作为选择产业和技术的基本指导原则，会最小化模仿成本，要素禀赋结构会升级得更快，使产业和技术结构得以持续升级。

（三）拓展下游、营销创新、实施自主品牌策略：可口可乐模式

可口可乐卖汽水卖到世界500强，卖成百年老店，其配方沿用百余年，充其量只能算个商业秘密，更谈不上任何技术更新换代；关键在于其营销模式的成功，奥运TOP赞助商合约一签30年，高额的营销投入、强大的文化营销，迎合了世界年轻人热烈奔放的特征。

小天鹅贴牌才能进入国际主流商场，同样的东西，贴美国GE的牌子就可以卖很高的价钱，贴自己的牌子就很难卖。面对竞争激烈战国格局，拓展下游、进行营销创新，从而培育创造竞争优势，是我国制造业的必然策略选择之一。

现代品牌已发展成为一种新的经营模式，是市场竞争的高级阶段。创建自主品牌是适应经济全球化竞争的需要，发展自主品牌是企业提高盈利水平的需要[10]，拥有自主品牌是企业培育持续竞争能力的需要。

目前，我国企业家中普遍存在的浮躁心态是品牌创新的一个重要制约因素。企业家对于培育品牌普遍缺乏足够的耐心，往往造成对新品牌竭泽而渔式的破坏性开发。

和研发创新的收益率相比，我国企业进行品牌创新的收益率要高一些，这种因素直接导致了我国企业家更热衷于品牌创新。也许，可以从广告收入中看出一些端倪，我国制药企业年研发费用超过两亿元人民币的屈指可数，但广告费用超过这个数字的企业则比较多。

品牌创新是差异化竞争战略的一种重要途径。面对当前我国经济高速增长和知名品牌缺乏的悖论，我国企业除了打造自主品牌之外，还可以利用现有的全球制造业基地优势，先产生一批中低端的世界性品牌；可以利用资本市场来提升我国企业品牌竞争力；还可以利用在我国市场获取的利润并购一些具有国际知名度的中高端品牌，这种并购行为也能让我国企业家更快地学习品牌国际经营经验（如联想并购IBM），从而缩短我国创造知名品牌的时间。

20世纪70年代中期，“日本制造”和现在的“中国制造”一样是全球经济的流行话题，但有影响力的品牌依然屈指可数。通过日本政府、企业以及国民的共同努力，在很短的时间里便出现了一大批世界知名品牌，从而使日本从战争的废墟中迅速崛起。

三、竞争策略的演化

微笑策略的 3 个基本策略可以单独采用，也可以组合使用，关键在于因势利导、因地制宜，既尊重市场规律，又发挥主观能动性。

（一）守住中游，拓展上游：明基模式

中国台湾的 IT 企业明基的代工业务就是一个实例：明基将微笑曲线纵切，客户赚品牌的钱，明基采取自主知识产权策略加比较优势策略的组合，赚设计研发和制造的钱。液晶显示器现在市场上都在比快，明基最先推出 8ms 的液晶，其利润就比普通液晶高得多。技术进步分两种，一种是跨越式的，另一种是渐进式的。跨越式进步当然可能引起产业巨变，但渐进式也一样能保持竞争力。明基近年没有跨越式重要研发成果，却在不断推出渐进式的技术进步；比如 DVD 刻录从 16 倍速到 8 倍速，液晶显示器响应时间从 16ms 到 12、10、8ms 等，也都为代工客户带来了价值。

（二）守住中游、上冲下突：三一重工模式

三一重工依托自身的科研开发能力和产学研合作，产品技术和质量代表国内最高水平、国际先进水平，引领行业技术进步，获得了“国家重点高新技术企业”“全国专利工作先进单位”称号。每年投入的研发费用占企业销售收入的 6% ~7%。三一重工研究院 2002 年被评为国家认定企业技术中心。拥有研发人员 812 人，研发人员数量占企业总人数的 13.5%，建立了博士后科研工作站。

三一重工主持和参与了 27 项国家标准和行业标准的制订、修订工作；承担了 2 项国家“十五”863 重大专项、2 项国家重大科技攻关项目、2 项国家“十五”重大技术装备研制项目，获得省部级二等奖以上科技进步奖 8 项，其中，“混凝土泵送关键技术研究与开发”项目获 2005 年国家科学技术进步二等奖，“SY 系列混凝土泵车技术研究与开发应用”项目获湖南省科学技术进步一等奖。

三一重工 100 多个营销、服务机构遍布全国，拥有 56 个服务网点仓库、开通了 800 和 4008 绿色服务通道。完善的网络和一切为客户的经营理念，将星级服务贯穿于产品的售前、售中、售后全过程。

（三）放弃中游、骑上霸下：耐克模式

“耐克现象”背后深藏微笑曲线理论。耐克公司是体育用品寡头领袖企业，年销售额近 40 亿美元。耐克鞋成功的最大秘密，就是紧紧抓住价值链上游的设

计开发与下游的广告营销两大环节。例如该公司运用人体工学与解剖学理论，结合不同种族运动的脚型结构，不断设计、研发出舒适、美观、时尚、耐用的新产品。而在下游的广告营销部分，聘请著名球星在黄金时档做电视广告，其广告费用平均占公司销售额的近1/5。而中游的制造环节，由于技术简单、附加价值最小，全部被外包给了耐克公司的外部厂商，而形成了“耐克公司不造耐克鞋”的“耐克现象”。

四、结论及其政策建议

“知己知彼，百战不殆”。依托低层次的“低成本型竞争优势”，充分利用现有要素禀赋所决定的比较优势来选择产业、技术、生产活动，我国制造业才能最大限度地创造经济剩余，才能够最大限度地积累资本，才能最大限度地促进就业，进而使发展中国家的要素禀赋结构与发达国家不断接近，最终达到获得高层次竞争优势和提高人均收入水平的目的。

（1）遵循比较优势原理，守住“微笑曲线”的中游，这是当前的竞争格局中的权宜之计，也是林毅夫对仍然处于发展中国家的我国制造业竞争策略的忠告：顺应比较优势战略，初始技术水平与劳均收入水平较低的经济体根据自身要素禀赋结构的动态变化，确立适当的目标技术进行模仿，在未来时期，较之初始技术先进与劳均收入水平较高经济体，潜在技术进步速度更快、劳均GDP潜在增长速度更快；但是违背比较优势的发展战略则会使技术进步的实际速度低于潜在速度，使劳均收入实际增长速度低于潜在速度[8]。

（2）我国制造业想走出微笑困境，不得不采取自主知识产权策略。国际市场的竞争现实显示：三流的企业卖力气、二流的企业卖产品、一流的企业卖技术、超一流的企业卖标准。日本甚至提出了由“技术立国”到“知识产权立国”的口号。所以，温家宝总理一再强调：世界未来的竞争就是知识产权的竞争。诚然，除了自主研发之外，还可以通过引进和购买先进技术来实现研发创新。但核心技术是买不来的，制造业的现代化是买不来的。

（3）从“中国制造”到“中国创造”是从“微笑曲线”的中游向上下游延伸的过程。自主知识产权策略和自主品牌则是两个理想的“微笑策略”，可以获得“产品差异型竞争优势”；它们相互影响、相互促进，最终形成我国制造业整体实力的提升。

（4）建设“创新型国家”是一个历史过程，从“中国制造”到“中国创造”，只能循序渐进。如果急躁冒进，欲速则不达；如果不思进取，则“国际民工”的经济地位难以置换。

参考文献

[1] Michael E. Porter. 竞争战略 [M]. 北京：华夏出版社，1997：44-46.

[2] 余建形．微笑曲线和高新技术产业发展 [J]. 经济问题探索，2005 (9)：86-88.

[3] 谢识予．经济博弈论 [M]. 上海：复旦大学出版社，2003：68-69.

[4] 林毅夫，刘明兴．经济发展战略与中国的工业化 [J]. 经济研究，2004 (7)：48-58.

[5] 杨林．有效竞争与技术创新的因果链效应及其政策建议 [J]. 科技进步与对策，2005 (1)：126-128.

[6] 曾繁华．以市场换技术制度安排问题研究 [J]. 管理世界，2000 (5).

[7] 葛秋萍．经济全球化进程中我国知识产权秩序缺失及应对政策 [J]. 中国科技论坛，2005 (1)：60-64.

[8] 林毅夫．经济发展战略对劳均资本积累和技术进步的影响 [J]. 中国社会科学，2003 (4)：19-44.

（与杨林合作，原载《科技进步与对策》2009 年第 16 期）

“互联网+”对中国制造业升级影响的实证检验

一、引言

制造业作为国家和地区经济发展的重要部分和支柱产业，其发展推动了国家和地区的经济发展，也彰显着一国经济发展综合竞争能力。随着工业化进程的加快，我国制造业得到飞速发展，在发展门类上已经逐渐齐全并形成相对完整的产业体系。但是我国制造业在创新能力、资源利用效率和信息化程度等方面与世界发达国家的制造业有着较为显著的差异，总体来说我国制造业仍然是大而不强。目前我国制造业正面临关键转型期，必须突破传统模式寻求新的发展动力，以产业不断升级来实现可持续发展。“互联网+”作为技术进步的重要表现形式，对促进制造业升级具有重要的促进作用。我国颁布了一系列政策来推动“互联网+”与制造业的深度融合，在这一重要背景下，研究“互联网+”对中国制造业升级的影响具有十分重要的意义。

“互联网+”的实质就是实体经济与互联网虚拟经济的深度融合，以此产生的“跨界经营”，它会对传统产业和市场基础产生“创造性破坏”的作用[1]。通过梳理国内外现有文献[2-6]，发现关于“互联网+”对制造业升级影响的研究主要集中于“互联网+”对产业以及制造业升级的影响。但这些研究一方面忽视了“互联网+”与制造业升级的内生性关系，即“互联网+”与制造业升级存在互为因果的关系；另一方面也没有深入分析和检验“互联网+”影响制造业升级的途径。鉴于此，本文首先从理论上分析了“互联网+”影响制造业升级的机制，随后利用2006~2015年中国30个省份的面板数据并采用系统GMM方法尽可能减少“互联网+”与制造业升级二者之间的内生性来考察“互联网+”技术的发展对制造业升级的影响。

二、理论分析

“互联网+”对一个国家或地区的制造业升级产生的作用日益明显：“互联网+”技术的发展能够催生新的产业，给经济发展注入新鲜血液，增强经济发展的活力，信息互联网技术的广泛应用主要是通过降低制造业生产成本、提高制造业企业的创新能力和合理配置资源三个方面来促进制造业升级的。

（一）“互联网+”技术应用能够降低制造业企业的生产成本

产业升级和发展的关键机制就是成本效益，对于制造业来说，降低生产成本是提升产业竞争力的核心所在。作为现代通信技术的典型代表，互联网最基本的功能就是信息传递，因此互联网技术的发展有效降低了产业链上下游企业之间的信息交流成本，使得企业能够以最低的价格购买最合适的产品，加快企业之间的合作[7]。此外，技术并入制造业生产过程可以提高制造业劳动者素质，改革生产力诸要素优化组合，完善物质生产过程，大幅度提高劳动生产率从而降低企业的生产成本。同时，在互联网环境下，制造业企业可以利用便捷的网络销售渠道出售自己的产品，简化了销售流程，缩短了交易时间，从而降低交易成本[8]。

（二）“互联网+”技术发展能够提高制造业企业的创新能力

相对其他行业，制造业更加注重企业之间的技术合作和信息交流，企业的创新就是在充分的信息交流中实现的。在传统环境下，由于信息交换壁垒的存在，制造企业的渠道资源有限，因此其合作伙伴相对比较固定[9]。在互联网环境下，制造业企业之间交流的信息壁垒被打破，企业可以通过互联网寻找研发设计等领域的合作伙伴，合作形式可以更加多样化，从而使得企业的研发设计行为都不是孤立的生产活动。万物互联增加了企业研发的宽度和深度，所以“互联网+”的介入使得市场出现产品数量与质量还有产品性能特征的变化。

（三）“互联网+”技术能够提升制造业企业的资源配置能力

制造业升级需要资源的优化，将不同生产要素进行重新搭配已找到最优发展方式。制造业企业可以通过融合当前的网络化制造、ASP平台以及制造网格等技术，从而实现各种制造资源和制造能力即时化、个性化、绿色化以及服务化生产的能力，为用户提供标准规范、共享、安全便捷的制造全生命周期服务[10]。

三、研究设计

（一）变量选取

（1）被解释变量。本文的被解释变量是制造业升级指标，用 S_i 表示。本文在国家统计局将制造业细分成 31 个行业的基础上，借鉴阳立高等（2018）[11] 分类方法，将制造业根据要素禀赋的不同分为劳动密集型、资本密集型和技术密集型制造业。本文制造业升级指标 S_i 是制造业三大类产业工业总产值 S_m 与制造业工业总产值 S′的比值，其中：

$$S = \sum_{i=1}^{m}\sum_{j=1}^{n} S_{ij} \quad (i=1, 2, 3; j=1, 2, 3, \cdots, n) \tag{1}$$

$$S_m = \sum_{j=1}^{n} S_{ij} \quad (m=i=1, 2, 3; j=1, 2, 3, \cdots, n) \tag{2}$$

$$S_i = \frac{S_m}{S'} \quad (i=m=1, 2, 3) \tag{3}$$

S_m 分别表示三大类制造业的工业总产值，S′表示制造业工业总产值，S_{ij}表示制造业 31 个细分行业产值。

本文参考阳立高等（2018）[11] 的方法，认为在三种不同要素密集聚集的制造业中，如果劳动密集型制造业总产值占制造业总产值比重呈现下降趋势，资本密集型制造业总产值占制造业总产值比重呈"倒 U"趋势，而技术密集型制造业比重则显示为不断增加的趋势，则认为该地区的制造业处于产业升级的状态中。因此，S_i 即为本文的被解释变量。

（2）解释变量。"互联网 +"是本文的核心指标，用 IP 表示。本文借鉴了樊自甫和李汶沁（2018）[12] 建立的互联网经济评价指标体系，结合数据系统性、连续性以及可采集性进行了综合考量后，选取"互联网 +"应用指标、"互联网 +"发展指标和"互联网 +"基础指标三个层面共 8 个指标并利用主成分分析法构建了"互联网 +"综合指标体系。见表 1。

表 1　"互联网 +"综合指标体系

	一级指标	二级指标
"互联网 +"指标	"互联网 +"应用指标	互联网普及率（%） 长途光缆线路长度（公里）

续表

	一级指标	二级指标
"互联网+"指标	"互联网+"发展指标	网民数（万人） 电信业务量（亿元） CN 域名数（个） 网站数（个）
	"互联网+"基础指标	互联网宽带接入端口（NIU） 局用交换机容量（Gbps）

（3）控制变量。①外商直接投资（FDI）。直接用各省份的外商直接投资表示。②政府参与程度（GP）。用地区财政支出占 GDP 比重表示。③金融发展水平（FD）。用各地区金融机构存贷款余额占 GDP 比重表示。④人力资本存量（HR）。用各地区人均受教育年限表示。⑤科技研发能力（RD）。用各地区研发投入占 GDP 比重表示。⑥城镇化水平（UR）。用各地区城镇常住人口与总人口比重表示。各变量描述性统计见表 2。

表 2　各变量描述性统计

变量	观测值	平均值	标准差	最小值	最大值
S_1	300	0.2348	0.0849	0.0709	0.5259
S_2	300	0.4843	0.1682	0.1556	0.8616
S_3	300	0.2809	0.1583	0.0433	0.7217
IP	300	0.0996	2.5967	-2.96	9.85
FDI	300	618678.6	710182.2	2954	3575956
GP	300	0.2165	0.0938	0.0830	0.6269
FD	300	0.0031	0.0012	0.0016	0.0095
RD	300	0.0142	0.0104	0.0020	0.0608
HR	300	4.4373	0.8345	3.13	8.04
UR	300	0.5236	0.1389	0.2746	0.896

（二）模型设定

为检验本文的理论分析，本文设定如下制造业升级模型：

$$LnS_{j,it} = \alpha_1 LnS_{j,it-1} + \alpha_2 IP_{it} + \sum_{l} \beta_l LnX_{l,it} + \eta_i + \mu_t + \varepsilon_{it} \quad (4)$$

其中，$S_{j,it}$为被解释变量，分别为劳动、资本、技术密集型制造业占制造业的比重，$S_{j,it-1}$为被解释变量滞后项，用于控制滞后期对当期的影响；IP_{it}为“互联网+”的水平，是本文主要关注的变量。考虑到制造业升级与“互联网+”水平可能会有双向影响的关系，因此本文将“互联网+”水平设为内生变量。$X_{l,it}$表示控制变量，是影响制造业升级的其他因素；虚拟变量 η_i 为个体效应；μ_t 为年度效应；ε_{it}为扰动项。

（三）研究方法

由于计量模型式（4）含有内生变量，因此模型具有内生性，为消除内生性所产生的偏误，本文采用系统广义矩（以下简称系统 GMM）来分析“互联网+”对制造业升级的影响。首先考察 Arellano－Bond Test 的结果以辨别扰动项是否存在自相关问题，并以此判断系统 GMM 方法的适用性。其次根据 Hansen Test 结果来确认工具变量的过度识别问题。本文选取适当的工具变量个数以防止和解决 Hansen Test 结果无效的情形，统计量的 P 值过高甚至接近 1 的情况是不允许存在的，因此要使系统 GMM 的结果有效就必须使其维持在显著但 P 值较低的水平上。

（四）数据来源

本文的研究样本是 2006～2015 年中国 30 个省份（不含西藏和港、澳、台）共 300 个样本观测值。数据来源为历年《中国统计年鉴》、《中国科技数据库》、《中国人口与就业统计年鉴》、各省份历年《统计年鉴》以及中国互联网络信息中心。

四、实证分析

表 3 为中国 30 个省份的“互联网+”水平对制造业升级的固定效应的回归结果。由表 3 可知，在固定效应检验中，“互联网+”对劳动密集型制造业总产值比重具有抑制作用，对资本密集型制造业和技术密集型制造业总产值比重具有正向促进作用，但是这些结果均不显著。为此，本文认为这是由于“互联网+”与制造业升级之间存在双向影响的关系，即“互联网+”对制造业升级存在影响，同时制造业升级的过程也会促进“互联网+”水平的提升或者改变。这意味着“互联网+”对制造业升级的影响存在着互为因果的内生性。

表 3　　“互联网 +”对制造业升级影响的固定效应检验

	(1)	(2)	(3)
	lns_1	lns_2	lns_3
internet	-0.00641 (-0.35)	0.00238 (0.19)	0.0124 (0.66)
lnfdi	0.0249 (1.46)	-0.0224 ** (-1.97)	-0.0271 (-1.58)
lncdkye	0.0273 (0.28)	-0.254 *** (-3.96)	0.608 *** (6.27)
lnfin	0.402 *** (4.00)	-0.0293 (-0.44)	-0.164 (-1.62)
lnrd	-0.347 *** (-6.03)	0.106 *** (2.77)	-0.102 * (-1.76)
lnurban	0.992 *** (5.38)	-0.275 ** (-2.24)	0.485 *** (2.61)
lnhr	-0.0144 (-0.09)	-0.112 (-1.01)	-0.117 (-0.70)
_cons	-1.873 *** (-2.74)	-1.590 *** (-3.49)	2.221 *** (3.22)
N	299	299	299
F	38.84	24.42	12.25

注：括号内为 t 值；*、**、*** 分别表示在 10%、5% 和 1% 的水平上显著。下表同。

表 4 为“互联网 +”对制造业升级影响的系统 GMM 检验结果。表 4 中 AR（1）概率均小于 0.05，AR（2）概率均大于 0.05，两组数据可以说明本文模型存在一阶自相关但不存在二阶自相关性，选取系统 GMM 进行进一步检验具有科学性与可行性。表 4 中 Hanse Test 概率均大于 0.1 但不接近 1，说明本文所选取的工具变量合理。

由表 4 可知，“互联网 +”对劳动密集型制造业总产值比重上升具有显著的抑制作用，“互联网 +”水平提升 1 单位，会导致劳动密集型制造业总产值比重下降 1.04%。其原因可能是由于“互联网 +”水平的不断提升，要求劳动力的素质也不断提高，然而我国的劳动密集型制造业的劳动力素质仍然较为低下，无法适应互联网的快速发展，导致效率下降，进而导致总产值比重没有呈现提升的情况。检验结果显示"互联网+"水平提升1单位，会促使资本密集型制造业总产值比重上升0.992%，也即产生积极影响作用，其原因在于资本密集型制造业也含有一定的互联网需求，劳动力素质相对较高，因而资本密集型制造业的劳动力能够较好地利用互联网，从而促使"互联网+"水平对资本密集型制造业的提升。"互联网+"对技术密集型制造业也具有显著的正向影响，"互联网+"水平提升1单位，会促使技术密集型制造业总产值比重上升2.88%。由此可以看出，"互联网+"对技术密集型制造业的影响系数大于对资本密集型制造业的影响系数。其原因可能在于，技术密集型制造业的技术含量更高，劳动力的人力资本水平也相对更高，对互联网的需求更大。

表4　"互联网+"对制造业升级影响的系统GMM检验

	(1)	(2)	(3)
	$\ln s_1$	$\ln s_2$	$\ln s_3$
L. $\ln s_1$	0.713*** (11.41)		
L. $\ln s_2$		0.477*** (14.94)	
L. $\ln s_3$			0.218*** (4.6)
IP	-0.0104*** (-5.13)	0.00992*** (6.46)	0.0288*** (7.90)
lnFDI	-0.00529 (-0.82)	-0.00210 (-0.64)	0.0341*** (5.00)
lnFD	-0.115*** (-3.58)	-0.212*** (-14.66)	0.461*** (10.36)
lnGP	0.403*** (14.02)	-0.139*** (-8.16)	0.0670*** (3.29)
lnRD	-0.102*** (-3.84)	0.0168 (1.15)	0.0188 (0.43)
lnUR	0.637*** (3.28)	0.124 (1.27)	0.354*** (4.53)
lnHR	-0.434*** (-4.90)	0.143*** (4.64)	0.272*** (6.07)

续表

	(1)	(2)	(3)
	lns_1	lns_2	lns_3
L. lns_2		0.477 *** (14.94)	
L. lns_3			0.218 *** (4.6)
地区效应	√	√	√
年度效应	√	√	√
AR (1)	0.000	0.001	0.000
AR (2)	0.494	0.400	0.347
Hansen Test	0.186	0.213	0.198
N	238	238	238

注：AR (1) (AR (2)) 检验的原假设是“系统后方程的残差项不存在一阶（二阶）序列相关”；Hansen test 的原假设是“新增加的工具变量是有效的”。下表同。

从控制变量来看，外商直接投资对劳动密集型制造业和资本密集型制造业总产值比重变化的影响结果为负且不显著，其原因可能是随着中国劳动力和资源环境成本上升，发达国家大多已经将劳动密集型和资本密集型制造业转移至欠发达国家，因此外商直接投资并没有对这两种制造业产生积极的促进作用。存贷款余额占 GDP 的比重对劳动密集型和资本密集型制造业总产值比重上升具有显著的抑制作用，对技术密集型制造业具有显著的正向促进作用，这说明当期金融资金主要是流向了技术密集型制造业中，促进了制造业的升级转型。对于劳动密集型制造业，研发投入起到了显著为负的作用，对资本密集型制造业和技术密集型制造业的影响为不显著。可能由于研发投入比重的提升并不会促进对研发要求不高的劳动密集型制造业的提升，而资本密集型制造业和技术密集型制造业的研发投入比重不足，研发投入的同质性较高，进而对资本密集型制造业和技术密集型制造业产生的影响结果为不显著。从劳动密集型制造业和技术密集型制造业角度来看，城镇化发展水平的提高对该两种制造业发展具有正向促进作用，但对资本密集型制造业影响不显著。其原因在于城镇化水平的提高有利于促进各类劳动力向城市聚集，而劳动密集型和技术密集型制造业分别对低技能劳动力和高技能劳动力有较大的需求。人力资本存量的提高对劳动密集型制造业具有显著的负向影响，对资本和技术密集型制造业具有显著的正相关关系。产生正相关关系的可能性是由于劳动密集型制造业对劳动者受教育水平以及高技术水平要求不高，而资本和技术密集型制造业则对劳动者的受教育水平以及高技术水平要求相对较高。

五、稳健性检验

为了确保结果是稳健的，本文参考石喜爱等（2017）[5]对“互联网+”的度量方法，以互联网普及率与电信固定资产投资的乘积来表示“互联网+”。本文进一步利用该指标来考察“互联网+”对制造业升级的影响。检验结果见表5。

表5　稳健性检验结果

	(1)	(2)	(3)
	lns_1	lns_2	lns_3
L. lns_1	0.605*** (7.90)		
L. lns_2		0.399*** (6.42)	
L. lns_3			0.187*** (3.60)
IP	-0.000346*** (-3.68)	0.000183*** (1.91)	0.000311* (8.12)
lnFDI	0.00623 (1.02)	0.00129 (0.42)	0.0364*** (4.33)
lnFD	-0.0297 (-0.49)	-0.178*** (-11.20)	0.448*** (10.17)
lnGP	0.409*** (11.30)	-0.134*** (-9.06)	0.0575 (1.38)
lnRD	-0.109*** (-4.25)	0.0186 (1.26)	-0.0504 (-1.04)
lnUR	0.750*** (6.46)	-0.404*** (-4.23)	0.358*** (9.09)
lnHR	-0.441*** (-7.10)	0.205*** (6.93)	0.267*** (4.57)
地区效应	√	√	√

续表

	(1)	(2)	(3)
	$\ln s_1$	$\ln s_2$	$\ln s_3$
年度效应	√	√	√
AR (1)	0.004	0.001	0.000
AR (2)	0.610	0.780	0.484
Hansen test	0.370	0.365	0.566
N	240	240	240

由表5的结果可知，“互联网+”对劳动密集型制造业总产值比重为显著负向影响，对资本密集型制造业和技术密集型制造业总产值比重具有显著正向影响，并且对技术密集型制造业总产值的比重的影响大于对资本密集型制造业的比重，检验结果与表4所呈现的结果具有一致性。同时，表5中控制变量结果所显示的符号以及显著性与表4检验结果具有一致性，通过表5结果与表4结果的对比显示，可以认为表4结果具有稳健性。

六、结论

本文利用2006~2015年中国30个省份的面板数据，采用系统GMM方法实证检验了“互联网+”对制造业升级的影响机制，在一定程度上克服了“互联网+”与制造业升级二者之间互为因果关系所造成的内生性问题，弥补了当期相关研究忽略二者之间存在内生性的缺陷的不足。研究结果显示：(1) 在克服了内生性并控制其他相关因素的条件下，“互联网+”对资本密集型制造业和技术密集型制造业总产值比重具有显著的正向促进作用，其中对技术密集型制造业的促进作用大于对资本密集型制造业，因此“互联网+”能够促进中国制造业从劳动密集型产业向资本密集型产业，进而向技术密集型产业转型升级；但是，其对劳动密集型制造业却为显著的负向影响，未能促进其转型升级。(2) 外商直接投资对劳动密集型和资本密集型制造业总产值的影响不显著；对技术密集型制造业总产值具有显著的正向促进作用。(3) 金融发展水平对劳动密集型和资本密集型制造业的总产值具有显著的负向影响，对技术密集型制造业的总产值具有显著的正向促进作用。(4) 政府参与度对劳动密集型和技术密集型制造业具有显著正向促进作用，对资本密集型制造业具有显著的负向抑制作用。(5) 城市化水平的发展对劳动密集型制造业和技术密集型制造业具有显著的正向促进作用。(6) 人力资本存量对劳动密集型制造业的总产值具有显著的负向影响，对资本密集型制造业和技术密集型制造业的总产值具有显著的正向促进作用。

参考文献

[1] 赵振．"互联网+"跨界经营：创造性破坏视角［J］. 中国工业经济，2015，(10).

[2] Cardona M., Kretschmer T., Strobel T. ICT and Productivity: Conclusions From the Empirical Literature [J]. Information Economics and Policy, 2013, 25 (3).

[3] 纪玉俊，张彦彦．"互联网+"背景下的制造业升级：机理及测度［J］. 中国科技论坛，2017，(3).

[4] 王可，李连燕．"互联网+"对中国制造业发展影响的实证研究［J］. 数量经济技术经济研究，2018，(6).

[5] 石喜爱，季良玉，程中华．"互联网+"对中国制造业转型升级影响的实证研究［J］. 科技进步与对策，2017，(22).

[6] 王娟．"互联网+"与劳动生产率：基于中国制造业的实证研究［J］. 财经科学，2016，(11).

[7] Garcia - Dastuguc S. J., Lambert D. M. Internet-enabled Coordination in the Supply Chain [J]. Industrial Marketing Management, 2003, 32 (3).

[8] Dan B., Qu Z. J., Liu C., et al. Price and Service Competition in the Supply Chain With Both Pure Play Internet and Strong Bricks - and - Mortar Relailers [J]. Journal of Applied Research & Technology, 2014, 12 (2).

[9] 徐伟呈，范爱军．"互联网+"驱动下的中国产业结构优化升级［J］. 财经科学，2018，(3).

[10] 童有好．论"互联网+"对制造业的影响［J］. 现代经济探讨，2015，(9).

[11] 阳立高，龚世豪，王铂，晁自胜．人力资本、技术进步与制造业升级［J］. 中国软科学，2018，(1).

[12] 樊自甫，李汶沁．我国省域互联网经济发展水平评价研究［J］. 重庆邮电大学学报（社会科学版），2018，(2).

（与刘淑萍合作，原载《统计与决策》2019 年第 9 期）

技术创新驱动战略性新兴产业跃迁机理与对策

——基于全球价值链视角

一、引言

后危机时代，世界主要发达国家和发展中国家都积极采取措施，提出大力发展新兴产业计划，将新能源、生物技术以及信息网络技术等新兴产业作为本国重点培育和发展对象，以此抢占新一轮全球经济发展的制高点。为了应对危机，加快我国经济结构调整，实现产业核心竞争力的不断提升，2010 年 10 月《国务院关于加快培育和发展战略性新兴产业的决定》确定重点培育和加快发展节能环保、新一代信息技术、生物、高端装备制造、新能源、新材料和新能源汽车 7 个战略性新兴产业。作为未来我国经济发展的重要支柱产业，战略性新兴产业如何通过跃迁来提升自身的全球竞争力水平并实现向全球价值链高端环节攀升是本文探讨的核心问题。

二、文献综述

目前国内外学者关于战略性新兴产业的研究成果颇丰，包括战略性新兴产业的评价与选择、发展与政策、金融支持效率以及集群等。①关于对战略性新兴产业概念的认识。周松兰、刘栋认为，我国的战略性新兴产业类似于于日本和韩国的新成长动力产业或新动力产业，主要涵盖高技术产业、新兴产业以及战略性产业等关系到国民经济发展和产业结构优化升级，具有全局性、长远性和动态性的产业。②关于战略性新兴产业的发展机遇。Bayus B. L and R. Agarwal 认为，新兴产业的进入者通过较高的市场占有率提升企业业绩，进而成为行业领先者。孙早、张敏等认为，后危机时代，在新科技革命的带动下，新兴战略产业的兴起为发展中国家摆脱不利的分工地位带来了希望和机遇。③在战略性新兴产业创新驱动国际比较方面，周松兰、刘栋通过对中、日、韩三国 LED 产业创新驱动力的实证比较分析认为，中国与日、韩两国 LED 产业核心技术差距的实质表现为驱动力生态系统自主创新能力的差距。④在战略性新兴产业发展路径方面，胡昱认为，基于当前全球新兴产业兴起的背景，我国应促进部分具备条件和优势的产业实施跳跃发展以形成具有国际竞争力的产业。⑤针对当前我国区域产业升级面临的主要困难和障碍，朱瑞博提出战了略性新兴产业核心技术链和区域产业跃迁式升级模型，黄启才基于全球价值链的视角，在对战略性新兴产业的动力机制进行分析，并对战略性新兴产业的升级路径作了研究，从增强战略性新兴产业价值链关键环节的控制力、提升产业竞争力的角度提出对策建议。贾根良认为，为了防止我国战略性新兴产业发展陷入高端产业价值链低端化，应从战略性新兴产业的核心技术和价值链高端入手。

通过以上分析可以看出，尽管学者们的分析视角各异，但都得出一个结论，即当前我国战略性新兴产业核心技术的国际竞争力不强，在国际分工中处于全球价值链低端环节。但是，关于我国战略性新兴产业全球价值链升级思路的研究尚不多见。基于上述原因，本文从全球价值链视角，对战略性新兴产业跃迁机理进行论述，并提出相关建议。

三、研究意义

（1）有助于加快我国对发达国家的技术经济赶超。一般来说，技术变迁包括渐进性变迁和革命性跃迁两个不同阶段。其中，革命性跃迁对技术变迁的推动作用主要表现为颠覆性、跨越性的技术赶超，它是在较短时间内实现产业生产面貌改变的一种技术发展方式。与渐进式技术变迁相比，革命性技术跃迁既不会产生对原有技术轨迹的依赖，也不需要前期进行大量的技术研发投入。对于发展中国家或地区而言，通过直接吸收代表行业的先进技术并进行自主创新，可以跨越技术发展的某些阶段，直接进入应用与开发新技术和新产品的阶段，并在较短时间内形成该国或该地区的优势产业乃至支柱产业，最终实现从技术方面到经济方面的跨越式追赶。从历史上看，后发国家通常在新兴产业发展早期通过抓住主导技术的革新机会从而实现对先进国家的赶超。19 世纪 30 年代，当时的美国和德国抓住了主导第二次工业革命的技术革新机会，实现了本国工业的跳跃式发展，迎头赶上并超越了当时的世界工业霸主——英国。20 世纪下半叶，亚洲的日本和韩国也是通过进入当时的新兴产业而实现本国经济跳跃式发展的。现有成熟技术建立在对过去经验积累的基础上，因此具有先发优势，后发国家或地区很难在成熟技术上同发达国家或地区展开竞争。而在新兴产业技术领域，由于发达国家或地区存在着对原有成熟技术及相应制度的依赖等因素，在面对新技术时会产生调整困难。而新兴技术由于处于发展早期，后发国家或地区企业获取该技术的阻力小，因此有通过新兴技术实现赶超的机会。

（2）有助于我国传统制造业升级和产业转型。金融危机爆发以后，随着发达国家“再工业化”政策的制定以及制造业的重心崛起，处于全球价值链低端的中国传统制造业由于技术含量低、缺乏核心竞争力，比较优势逐渐丧失，从而面临转型和升级压力。中国制造业要摆脱当前困境，实现由全球价值链低端向高端的升级，可以通过充分发挥战略性新兴产业在人才、技术和资金等方面的引领和带动作用，促进中国传统制造业的转型和升级。具体而言，可以通过以下途径实现：一是从战略性新兴产业中选取适宜的先进技术、先进设备对传统制造业进行升级和改造，使中国传统制造业成为具有核心技术和知识产权的高端制造业；二是战略性新兴产业为传统制造业的转型和升级提供高素质研发人才与经营管理人才支持；三是通过将传统制造业嵌入战略性新兴产业链，推动我国制造业产业链不断延伸与完备，最终实现战略性新兴与传统制造业的融合，通过价值链环节的良性互动实现产业融合效应的最大化。此外，加快战略性新兴产业的发展有助于打破我国以传统产业作为国民经济支柱产业的格局，不仅有助于实现我国经济社会的可持续发展，还将对我国的社会经济结构产生重大影响，具有深远的社会和政治意义。因此，只有加快战略性新兴产业发展并实现跃迁，才能为传统制造业的转型升级提供先进的技术、设备和人才支持，最终实现社会经济持续、快速、健康发展。

（3）有助于确保产业安全。当今世界，在经济全球化大环境下，发达国家凭借知识、技术、人才和渠道等领域的垄断优势，在国际分工体系中处于全球价值链高端环节并获取高额垄断利润，同时将处于低端的高能耗、高污染和低效益、粗放型产业向劳动力资源以及自然资源等处于比较优势的发展中国家转移，而发展中国家只能凭借低劳动力和自然资源等成本优势获取低额利润。发达国家与发展中国家在这一过程中逐渐形成了“中心”与“外围”的国际分工模式，不断加深发展中国家对发达国家在经济技术上的依附。改革开放以后，外向型经济的快速发展不断加深了我国对发达国家的依附，而且这种依附呈现出新趋势，即发达国家在新一轮技术革命下，通过模块化生产和全球价值链，将新兴产业新产品的加工、组装甚至生产工序创新等价值链低端环节作为一个产业向发展中国家转移。这将导致发展中国家由于沿袭传统的利用劳动力、自然资源等低成本要素参与国际分工的老路，从而使战略性新兴产业在发展早期就陷入“高端产业价值链低端化”的困境。同时，还会导致自身产业结构低端化、趋同化以及企业间的恶性竞争，不利于本国产业价值链的升级与发展，最终威胁本国产业技术安全。人民网2006年发表的一篇报告指出，“在中国已开放产业中，每个产业中排名前5位的企业几乎都由外资控制，28个主要产业中，跨国公司在21个产业中拥有多数资产控制权”。从当前形势看，全球战略性新兴产业的发展还处于起步阶段，欧美等发达国家也大多处于新兴产业选择和关键技术研发的早期阶段。在这种情况下，谁先进入新兴产业市场，谁就能凭借技术创新优势成为该行业的领先者。中国必须在战略性新兴产业发展早期阶段加快发展，以更快的速度抢占先机，以技术创新驱动成为行业的领先者，并通过战略性新兴产业带动其他行业快速发展，摆脱目前我国对发达国家的技术依赖，有效维护我国产业技术安全。

四、基于全球价值链的技术创新驱动战略性新兴产业跃迁机理

大量研究成果和现实状况表明，核心技术能力是决定企业转型升级方式差异的关键。战略性新兴产业跃迁升级的过程本质上是一个由技术含量低、附加值低的状态向技术含量高、附加值高的状态发展演变的过程。当战略性新兴产业升级达到一个较高水平后，企业通过开辟新的技术渠道，突破特定经济发展阶段的束缚，实现产业由低层次向高层次的跃迁，相应地，其全球价值链也将实现阶梯式跃迁。Humphrey 和 Schmitz 从全球价值链的视角，将产业升级按照从低到高的升级方式分为工艺流程升级（Process Upgrading）、产品升级（Product Upgrading）、功能升级（Functional Upgrading）和跨产业升级（inter-sector Upgrading）4个阶段。其中，工艺流程升级是指企业通过重新组织产品生产系统或是引进技术，从而降低成本、增加产出。产品升级是指企业通过引入新产品或实施产品升级、产品差异化战略来提高产品的单位价值。功能升级是指企业通过产品功能的升级变迁，使经济活动的整体技能水平不断得到提高，以拥有更多的附加值。跨产业升级是指企业从较低的价值链环节跨越到较高的价值链环节。

本文通过对现有文献的借鉴、吸收、整合，结合当前我国战略性新兴产业发展特点，根据企业具备的核心能力及全球价值链升级方式，依次将战略性新兴产业发展阶段分为基于全球价值链的战略性新兴产业横向扩张升级阶段、基于全球价值链的战略性新兴产业纵向渗透升级阶段和基于全球价值链的战略性新兴产业跃迁式升级阶段，而且这三个发展阶段所应具备的核心能力存在着由低到高的递进关系，前一发展阶段能力是后一阶段能力发展的基础（见表1）。本文借助微笑曲线，根据产业附加值从低向高转移的规律，揭示战略性新兴产业跃迁机理。如图1所示，纵坐标表示战略性新兴产业产品价值链增值幅度，横坐标表示战略

性新兴产业全球价值链环节，微笑曲线分成左（品牌服务）、中（加工组装和生产制造）、右（研发）三段，微笑曲线表示获利程度。其中，微笑曲线的中段位置获利最低，曲线左右两段则处于获利高位。从微笑曲线Ⅰ上升到微笑曲线Ⅱ表示企业获取附加值的能力不断提高。因此，要增加企业盈利、提高竞争力，只有在微笑曲线上不断从低附加值（加工组装和生产制造）向高附加值（研发和品牌服务）转移才能实现。

表1　基于全球价值链视角的技术创新驱动战略性新兴产业跃迁机理

战略性新兴产业发展阶段	核心升级能力	升级表现	企业类型
全球价值链横向扩张阶段	生产工艺流程升级	生产系统的重新组织或新技术引进、成本降低、生产效率提高	低级加工制造企业
	产品升级	产品质量的提高或改善、产品差异化战略实施	高级制造产业
全球价值链纵向渗透阶段	功能升级	产品功能变迁、整体技能水平得到提高、附加值环节增多	中、低端创新型企业
全球价值链跃迁阶段	跨产业跃迁升级	基于原行业的某种优势或者利用新技术通过架构创新，开创新的产品生产行业	高端创新型企业

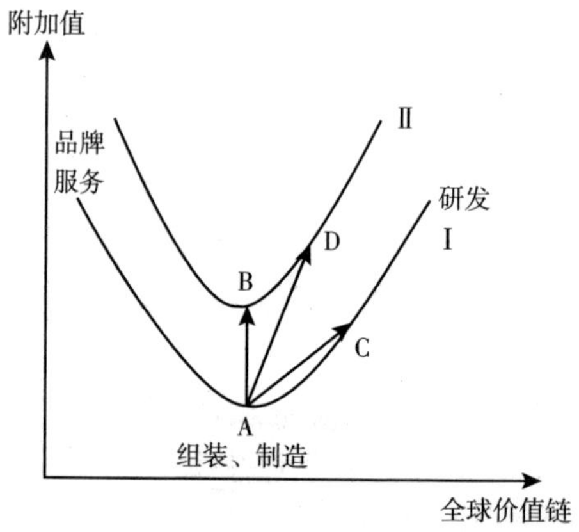

图1　基于全球价值链的战略性新兴产业升级能力变迁

（1）基于全球价值链的战略性新兴产业横向扩张升级阶段。在全球经济一体化加快的背景下，战略性新兴企业在嵌入全球价值链分工的过程中不断升级。在这一阶段，战略性新兴产业的关键核心能力主要表现为生产工艺流程升级能力和产品质量升级能力。其中，处于低加工制造阶段的生产企业主要通过生产系统的重新组织或新技术的引进来提高生产效率，获得成本优势，在既定的产品价格条件下实现单位产品的增值，由此获得竞争优势和商业成长空间。例如，比亚迪在1995 年进军电池制造业时，设计出半自动化生产线，将控制全球电池市场的全自动生产线分解为若干个工序和若干个工位，经简单培训后，通过自制设备和廉价熟练工人来完成电池的生产，极大地节约了生产成本，从而获得竞争优势和商业空间。处在高级制造业阶段的生产企业，其核心能力主要表现为产品质量不断提高，通过实施产品差异化战略来提高产品售价，实现单位产品增值空间的扩大。无论是处在低级阶段还是高级阶段的生产企业，其升级活动所处的全球价值链环节均维持不变，如图 1 所示，在生产企业升级后，其增值空间为从 A 点上升到 B 点，但其均处于全球价值链的同一环节，没有发生变化。

总体而言，处在这个发展阶段的战略性新兴产业的生产企业虽然通过升级活动具备了一定的成本优势，产品质量也有所提高，但是由于没有掌握该行业发展的关键核心技术，如厂商只是根据客户提供的产品规格与设计要求进行简单加工和组装制造，因此其生产仍然表现为低创新率、低创新机会和低附加值的低质量经济活动，企业抗风险和议价能力也很弱，而且还存在同行恶性竞争的情况，处于全球价值链的最低端环节，产业附加值所占比重也非常低。以我国光伏产业为例，虽然我国的光伏产业经历了快速发展，但当前的技术创新基本上是工序创新，对光伏组件制造设备和新型光伏材料等关键核心技术尚没有掌握，由此导致我国整个光伏产业在全球价值链中处于低端环节，在国际分工中仍处于“担水劈柴”的地位。这种通过从国外购买高附加值关键核心技术设备，然后又将主要产品出口国外的“两头在外”的高端产业价值链低端化发展模式，与传统加工贸易并无区别。并且，通过大量进口原材料承担加工制造功能，使得该产业的高能耗工作大部分留在国内，增加了我国的生态环境压力，既无益于我国的节能减排，也无益于产业升级和产业结构优化，更无益于中国战略性新兴产业国际竞争力的增强。

（2）基于全球价值链的战略性新兴产业纵向渗透升级阶段。处于该发展阶段的战略性新兴产业企业通过不断的学习和经验积累，经济实力不断提升，除了具备前一发展阶段的工艺流程升级能力和产品升级能力外，还拥有知识、人才及高级硬件设施等关键性资源，其拥有的核心能力主要表现为较强的功能变迁能力，即高效的组装和制造能力、较完整的产品研发与设计能力以及差异化的品牌创建能力，企业的经济实力和综合竞争力得到进一步提升。处在这一发展阶段的战略性新兴产业生产企业，其升级活动主要表现为在全球价值链上的战略生产环节发生转移。如图 1 所示，生产企业的战略生产环节在微笑曲线上从处于增值幅度较低的生产环节 A 点转移到了处于增值幅度较高的研发设计或品牌服务的 C 点，其全球价值链开始向微笑曲线的高增值空间迁移。

当战略性新兴产业发展进入到功能创新阶段时，在全球化背景下，其进一步发展通常会受到跨国公司“核心技术锁定”策略的限制，或是受到购买者价值链中强大营销网络通道优势和销售终端控制实力的限制，这些都将成为我国战略性新兴产业进行功能升级的障碍。以我国汽车产业发展为例，当前我国的汽车产业已基本建成集汽车贸易、研发、制造和物流等为一体的汽车产业生产基地，虽然已经实现了汽车产业的大规模制造，并且部分企业具备了制造发动机、自动变速箱等核心部件的能力，但我国仍处于市场的低端，中端汽车市场仍然被合资企业垄断，高端汽车的核心部件仍然大部分从国外进口，由此决定我国汽车产业的国际竞争力较弱。因此，我国的比亚迪、奇瑞和吉利等自主品牌汽车企业进入汽车产业时，都只能选择从 10 万元甚至 5 万元以下的低端市场进入。

（3）基于全球价值链的战略性新兴产业跃迁式升级阶段。当战略性新兴产业生产企业在产业内升级达到一个较高水平后，其具备了较强的自主创新能力，即除了工艺流程升级能力、产品质量升级能力以及功能变迁能力外，还具备利用原有行业的某种技术优势进行新产品生产的能力。具体表现为：企业拥有丰富的核心元件知识和把各种元件组成一个整体的架构知识，根据技术发展轨迹，能科学、准确地洞察该领域技术发展趋势，及时引进新技术，重视对具有前沿性、长期性和平台性核心技术的研发与设计，根据市场需求变化，突破既定的行业游戏规则，对企业现有资源不断进行整合，将企业现有知识架构到不同价值链上的相关生产环节并迅速融入全球价值链，在不同的价值链上转换战略生产环节。通过集约设计，开发超越和颠覆原有产品的新产品，以最大限度满足消费者的需求为核心，进入并打开尚未开发的市场，既避免了因产业低端化和同质化引发的企业恶性竞争，又能通过高利润的获取赢得竞争优势，实现从低增值空间的微笑曲线向高增值空间的微笑曲线跃迁。如图 1 所示，当具备较强的架构创新能力后，企业的战略生产环节从处于增值幅度较低的生产环节 A 点转移到了处于增值幅度较高的 D 点，从低增值空间微笑曲线向高增值空间微笑曲线跃迁，突破跨国公司的“核心技术锁定”，从而实现战略性新兴产业的跃迁。

战略性新兴产业跃迁在国家层面表现为后发国家为了突破发达国家跨国公司的“核心技术锁定”，不是通过沿袭发达国家既有的技术渠道，而是通过开辟新的技术渠道，实现对传统产业强国的赶超。例如日本通过发展数控机床技术实现了在机床行业对美国和欧洲的赶超，美国利用生物技术的兴起实现了对德国和瑞士等传统制药强国的赶超。我国利用方正系统，直接从当时的铅字排版技术跨越日本的光学机械式（二代）照排技术和欧美的阴极射线管式（三代）照排技术，直接跳跃至当时尚未出现的第四代激光照排系统技术。1994 年 1 月，随着高档彩色出版系统的成功研制，北大方正集团改变了由外国公司长期垄断我国彩色印刷市场的历史。如今，第八代方正激光照排系统占据了95%的国内市场和90%的全球华文市场，中文照排市场份额已处于全球第一的绝对垄断地位。

新知识和新技术的出现只是为实现战略性新兴产业跃迁提供了可能，后发国家在发展战略性新兴产业时可能面临新技术不成熟、基础资源和制度土壤缺失、市场需求和商业模式创新不足等风险，最终会导致产业跃迁失败。

五、战略性新兴产业跃迁对策

战略性新兴产业实现跃迁是一系列综合因素共同作用的结果，因此提出以下对策建议：

（1）不断强化对战略性新兴产业的政策支持。要实现技术创新驱动战略性新兴产业跃迁，离不开政府的各种支持。因此，政府应从3个方面推动战略性新兴产业发展：一是不断完善支持战略性新兴产业发展的财政与金融政策。在财税政策领域，通过设立战略性新兴产业发展引导基金，提供战略性新兴产业投资风险补偿，以及对相关企业提供税收优惠等，支持战略性新兴产业发展。此外，财政投入应重点关注核心零部件研发，这有助于实现战略新兴产业核心技术领域的突破。在金融政策方面，应根据战略性新兴产业在不同发展阶段的融资需求特点，通过不断创新商业信贷模式、不断发展和完善资本市场、建立健全保险机制等方式，实现对战略性新兴产业的金融支持。二是培育和发展战略新兴产业市场。首先，政府应通过实施新产品消费补贴等政策，鼓励优先购买本国自主创新产品；其次，借助优先采购本国技术创新产品的政策，鼓励和支持相关企业和科研机构的自主创新活动。三是要加强中央政府的产业规划统筹能力，防止各地盲目引进和重复建设，避免陷入“高端产业价值链低端化”的困境。

（2）完善战略性新兴产业核心技术创新机制。该机制主要通过政府和企业两个层面来实现。在政府层面，对现有科技创新政策、国家科技发展规划和相关配套政策进行整合，结合各地实际，制定出旨在促进战略性新兴产业快速发展的激励机制，最终形成完善的战略性新兴产业激励体系，为战略性新兴产业发展提供良好的生态环境。在企业层面，应通过加快自主创新激励制度建设，不断建立和完善创新科技成果转化及与科技人才相结合的人才评价考核体系，通过完善企业层面的激励机制，使科研人员关注科技创新前沿，有效推动技术创新。

（3）加大战略性新兴产业人才培养力度。战略性新兴产业的发展离不开人才的基础作用，应不断优化战略性新兴产业人才评价机制和人才流动机制，加大战略性新兴产业人才培养和引进力度。在人才评价和人才流动方面，通过建立适应战略性新兴产业发展的多元化人才考核评价体系，不断完善奖励制度，吸引相关领域的专家和科研工作者不断流向企业，促进企业自主创新。在人才培养方面，应加大与高校与科研机构的合作，加强对熟悉国内外产业发展现状的专业性领军人才的培养。在人才引进方面，通过各种优惠政策吸纳海外优秀人才，提高新兴产业人才的国际化程度，为加快我国战略性新兴产业的培育和发展、最终实现跃迁提供更好的服务。

（4）支持战略性新兴产业商业模式创新。战略性新兴产业是新兴科技和新兴产业的深度结合，是具有广阔市场前景的先导产业，但通常会面临潜在市场空间巨大但现实市场拓展困难的共性问题。因此，要实现战略性新兴产业的跃迁，除加强技术创新外，商业模式创新同等重要。商业模式创新是战略性新兴产业形成和发展的必要条件。首先，无论是何种新技术，在其商业化并形成相应产业之前，其价值不能真正体现出来。因此，从某种意义上说，商业模式创新比技术创新更为重要。其次，商业模式创新对加快战略性新兴产业体系的形成有重要促进作用。一方面，后危机时代的来临掀起了新一轮产业竞争的序幕，这决定了战略性新兴产业的产品生产和销售必须着眼于全球，只有不断创新商业模式，才能吸引不同国度消费者对新产品及服务的需求；另一方面，商业模式创新除了创造新市场外，还可以打入原来的市场，获得新的发展机会，并可能带动与之相关产业的兴起和发展。

参考文献

[1] 曾繁华，赵祯昱，游宝德．产业技术垄断竞争力研究［J］．管理世界，2013（1）：180－181.

[2] 刘康，曾繁华．企业技术创新与产业技术链整合［J］．科技进步与对策，2011（6）：60－63.

[3] 杨林，曾繁华．微笑曲线视角下的我国制造业竞争策略及其演化［J］．科技进步与对策，2009（16）：59－62.

[4] 胡绪华，蔡济波．基于全球价值链的我国本土生产型外贸企业升级机理分析［J］．企业经济，2013（1）：28－31.

[5] 朱瑞博，刘志阳，等．架构创新、生态位优化与后发企业的跨越式赶超——基于比亚迪、联发科、华为、振华重工创新实践的理论探索［J］．管理世界，2011（7）：69－97.

[6] 魏平，高建．跃迁模型：制定新兴技术战略的一种理论方法［J］．科学学研究，2006（10）：684－687.

[7] 胡昱．产业升级路径选择：循序演进与跳跃发展［J］．东岳论坛，2011（12）：91－94.

[8] 张耿庆．战略性新兴产业引领“中国制造”升级初探［J］．现代财经，2011（11）：110－115.

[9] 朱瑞博．核心技术链、核心产业链及其区域产业跃迁式升级路径［J］．经济管理，2011（4）：43－53.

［10］周松兰，刘栋．中日韩战略性新兴产业创新驱动力比较研究［J］．国际经济合作，2013（7）：81－84.

［11］陈志．战略性新兴产业发展中的商业模式创新研究［J］．经济体制改革，2012（1）：112－116.

［12］陈月生．我国经济发展方式转变与战略性新兴产业的发展［J］．天津大学学报：社会科学版，2011（5）：217－221.

［13］邹德文，姜涛．基于战略性新兴产业的经济发展方式转变研究［J］．理论月刊，2011（1）：87－90.

［14］吴桂生，等．自主创新战略和国际竞争力研究［M］．北京：经济科学出版社，2011.

［15］迈克尔·波特．国家竞争优势［M］．北京：中信出版社，2012.

［16］贾根良．中国应该走一条什么样的技术追赶道路［EB/OL］．http：//www. baidu. com/link？url = rOD6gRLzcfdXIyuv_SNgwWNZLffxyZ_UDNkgOLHhpNo-mf-WTjwSCL5OG7YljAxfnqOCiQOOi9Aef1uRjJDgsYxB89u40PVbSvjO24yp0_SC，2014－03－16.

［17］贾根良．只有价值链高端才有技术追赶的机会窗口［N］．中国经济导报，2014－03－29.

［18］孙早，张敏，等．后危机时代的大国产业战略与新兴战略产业的发展［J］．经济学家，2010（9）.

［19］黄启才．我国战略性新兴产业发展与升级路径——基于全球价值链的视角［J］．国际经济合作，2013（6）：24－27.

［20］Gereffi G. International trade and industrial upgrading in the apparel commodity chain［J］. Journal of International Economics，1999，48（1）：37－70.

［21］Humphrey J.，Schmitz H. Governance and upgrading：linking industrial cluster and global value chain research［R］. Institute of Development Studies，2000.

［22］Humphrey J.，Schmitz H. Governance in global value chains［J］. IDS Bulletin，2001，32（3）：19－29.

［23］Ernst D.，Kim L. Global production networks，knowledge diffusion，and local capability formation［J］. Research Policy，2002，31（8－9）：1417－1429.

［24］Bayus B. Land R.，Agarwal. The role of pre-entry experience，entry timing，and product technology strategies in explaining firm survival［J］. Management Science，2007，53（12）.

（与王飞合作，原载《科技进步与对策》2014 年第 23 期）

“双创四众”驱动制造业转型升级机理及创新模式研究

一、引言

新常态下，经济增长动力与经济下行压力并存，为实现宏观经济稳增长、调结构的目标，需要平衡社会经济结构供需关系，通过优化产业结构，改善有效供给，进而释放新的发展动能。制造业作为国民经济支柱产业，正面临低成本优势边际递减和新竞争优势尚未形成的困境，存在创新能力弱、产品附加值不高及资源环境约束加剧等问题。目前我国制造业亟待转型升级，规避制造业“低端锁定”和“路径依赖”风险，从全球价值链中低端向高端跃迁升级。

创新驱动是制造业转型升级的关键，推进“大众创业、万众创新”，以向智能制造转型为核心，依托“众创、众包、众筹、众扶”创新模式，加快实施“中国制造 2025”和“互联网＋制造业”战略，即通过创业创新助推制造业技术变革与转型升级。通过科学合理的顶层设计，为“大众创业、万众创新”营造良好的制度生态环境，激发民众创新动力，以“众创、众包、众筹、众扶”新模式助推制造业生产模式和组织方式变革，推动传统制造企业由有界性向开放式、协同式创新平台转型，借助“双创”平台支持更多具有生命力的前沿技术和新兴制造业集群协同发展，构建以创新创业为驱动力的智能制造、分享经济新生态。

二、文献述评与理论基础

（一）文献述评

随着以大数据、互联网为代表的新一轮科技革命兴起，信息技术加速融入制造业。在德国推出工业4.0战略后，中国制造业如何实现传统发展模式转型升级，引发国内外学者普遍关注。

关于创新驱动制造业转型升级的机理研究主要有以下关注点：①基于全球价值链治理视角研究创新驱动制造业转型升级机理；②创新驱动制造业转型的作用机理与战略选择；③创新驱动制造业转型升级机理及实证研究。曾繁华等认为，创新驱动制造业转型升级的本质在于，通过提升制造企业科技创新能力，推动我国制造业由全球价值链低端环节向高端环节跃迁。孙泗泉等深入剖析了创新驱动制造业转型的作用机理，认为创新驱动从动力、要素、竞争3个维度为制造业转型注入强劲动力。Verspagen等基于空间面板数据，分别实证检验了美、日、德等国创新驱动制造业转型升级所具备的要素条件，强调了技术创新在制造业转型升级中的核心作用。

关于创新驱动制造业转型升级路径的研究主要有以下关注点：①创新生态视角下制造业转型升级模式与路径研究；②协同创新视角下制造业升级路径研究；③互联网背景下区域制造业转型升级路径研究。柳卸林等认为，应从创新生态视角审视我国制造业转型升级模式，着力培育具有更强竞争力的制造业创新生态系统。王秀山等基于协同创新理论对制造业产业升级路径进行研究，提出了在产业生命周期不同阶段，利用协同创新促进制造业升级的路径框架。童有好认为，"互联网+制造业"是制造业生产经营变革与转型升级的新路径，提出应在技术、标准、政策等方面实现互联网与"中国制造"的深度融合。Msaaaki Kotabe依据国际产业链和价值链理论，提出智能制造是制造业转型升级的必然选择。

对已有研究文献分析可知：①对制造业转型升级机理与路径的研究主要侧重于从全球产业链及价值链治理理论、区域协同创新视角及互联网+制造业作用机理等方面进行分析论证，强调了创新对制造业转型升级的内在动力；②已有文献大都从生产力要素入手，对制造业转型升级的机理与路径进行分析研究，较少从创新要素角度分析制造业转型升级的社会基础与创新环境。本文尝试对创新驱动制造业转型升级作用机理与路径的研究视角进行创新，侧重分析创新驱动制造业转型升级的社会创新环境以及"互联网+"背景下大众创业、万众创新的组织形式与创新模式，从社会生产关系视角对创新驱动制造业转型升级机理及路径进行探讨，在此基础上提出创新驱动我国制造业转型升级的政策建议。

（二）理论基础

创新驱动制造业转型升级的主要依据是创新理论与产业升级理论，通过整理相关文献为创新驱动制造业转型升级机理与路径提供理论支撑。

1. 马克思产业升级理论。

马克思运用辩证法分析论证了剩余价值生产的三个阶段，即协作阶段、工厂手工业阶段和机器大工业阶段。马克思把社会总生产分为生产资料与消费资料两大部类，在此基础上赋予产业结构升级含义：在产业结构组成要素不变的前提下，总量规模升级体现为社会生产规模的扩大[1]。随着两大部类总量和社会总产品数量的增加，社会生产能够在扩大规模的基础上实现良性循环，而一次循环过程就是产业结构升级过程[2]。列宁在产业升级理论基础上进行完善，认为如果两大部类特别是制造生产资料的部类达到了新均衡，则表明产业升级得以实现。

2. 熊彼特社会创新理论。

现代创新理论强调生产技术与生产方式创新在经济发展中的作用[3]。熊彼特创新理论的主要观点有：①创新是生产过程中的内生变量；②创新过程将产生价值增值；③创新主体是企业家。现代创新理论强调社会创新过程中人的主体作用，提出珍惜企业家创新精神与培育社会创新动力，有序推进经济结构调整；通过科技创新政策与制度的设计，建立科学合理的创新生态体系，最终形成创新创业的社会基础与创新环境。熊彼特创新理论对目前“双创四众”驱动产业结构转型升级具有重要理论指导作用。

3. 价值链治理与产业升级理论。

迈克尔·波特提出价值链理论，认为企业的价值增值过程是由一系列互不相同、相互联系的环节组成的，每一个环节都是一项增值活动。Humphrey 等完善价值链理论，认为发展中国家产业升级分为 4 个演化阶段，即产品升级、工艺流程升级、链条升级与功能升级。全球价值链治理是保障价值链各环节企业竞争力及盈利的基础，发展中国家融入全球价值链依靠引进—模仿—再吸收，运用最新科技成果与知识，最终实现技术进步与产业结构优化，从全球价值链中低端向高端跃迁升级。

三、“双创四众”驱动制造业转型升级作用机理

创新驱动制造业转型升级的核心在于构建社会创新生态与创新环境。因此，需要对“大众创业、万众创新”的具体模式与转型升级机理进行分析研究。

（一）相关概念及内涵

众创来源于创客概念，是指汇聚众多创客智慧与创意，通过创新创业服务平台聚集全社会创新资源，最大限度降低创新创业成本，进而实现包容性创新。众

包是指汇聚并发挥大众的创新潜力，借助“互联网+”“大数据”等通道，将传统由特定企业和机构完成的生产任务外包给自愿参与的企业或个人，通过大众分工协作实现资源配置帕累托最优，以低成本高效率促进创新创业。众扶是指通过政府政策支持、中小企业和创业者相互帮扶以及其他社会公益力量协助，共同助力中小企业和创业者成长，营造良好的创业创新生态。众筹是指通过互联网融资平台募集社会资金，满足创新创业融资需求，拓展投融资新渠道，促进制造企业转型升级与可持续发展[4]。

（二）作用机理与升级路径

“双创四众”驱动制造业转型升级的机理可以从创新生态圈的演化过程视角进行分析，产业开放创新生态圈具有创新领域多元化、创新组织多样化与创新关系层次化等特征。按照开放创新生态圈从外到内的演化链条，整个创新生态圈以企业为主体，政府营造环境，共同促进制造业转型升级，具体可分为服务链、创新链和产业链3个创新维度（见图1）。

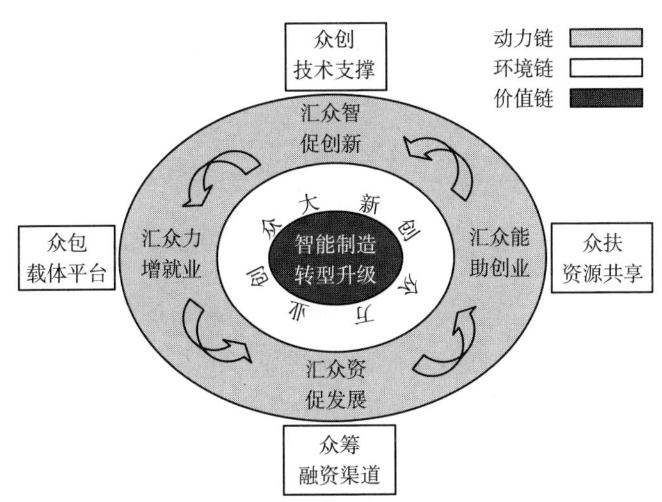

图1 “双创四众”驱动制造业转型升级创新生态圈

资料来源：根据2016年全球价值链治理与创新驱动制造业转型升级相关文献归纳整理。

1. 创新驱动制造业转型升级创新创业动力链。

制造业转型升级创新生态圈外围层由“四众”构成，是大众创业、万众创新的支撑与动力，构成创新创业动力链。众创（Crowd Innovattion）基于互联网平台为创新创业提供技术支撑，汇聚大众智慧，把人力资源优势转化为人力资本优势。众创作用机理可表述为创客空间（Hacker Space）→研发（R&D）→技术市场

(Technology Market)，即基于创客空间的知识与信息通道，通过互联网在大众需求者与供给者间建立联系，为小微制造企业和个人创新创业提供低成本、便利化、全要素的开放式综合服务平台，该过程也是“众创”得以发展的组织形式与前提条件。研发活动是创新的核心环节，是将创意与隐性知识、信息显性化的过程。例如借助开放式软件，研发者把项目分为相对独立的模块，通过互联网寻求大众协作创新；在研发的基础上创业者可以通过互联网展示并出售专利技术与创新成果，实现创新创业价值增值。

众包（Crowd Sourcing）作为“大众创业、万众创新”的模式，通过汇聚大众力量协作分工进而增加就业、提高资源配置效率。众包基于互联网平台，将客户、供应商、合作企业及其他组织和个人纳入全球价值网络，由发包方、众包平台及接包方三要素构成，是对委托—代理理论的创新与实践。众扶（Crowd Supporting）主要是通过政府和公益机构支持、企业帮扶援助与个人互扶互助等途径，助力小微企业与个人创业者成长，实现社会资源共享。例如，政府积极开展公共数据开放实践，鼓励公众利用公共信息资源开发创新应用，并出台创新政策、提供创新创业免费培训等。众筹（Crowd Funding）由创意者通过互联网向社会募集资金，拓展了产品开发、投资创业的融资渠道，汇集社会资金促进大众创业万众创新。众筹的作用机理过程可表述为：项目匹配→筹集资金→实现融资→项目实施。众筹商业模式的核心是价值创造，而价值创造过程主要表现为价值发现、价值匹配和价值获取 3 个递进环节。

2. 创新驱动制造业转型升级创新创业环境链。

创新生态系统的中间层是由大众创业、万众创新构成的创新创业环境链，是动力链与产业链的过渡层。制造业是实体经济的主体，制造业创新是向价值链中高端发展的关键，以互联网、云计算、大数据为代表的技术创新已经成为制造业转型升级的重要路径依托。“双创”通过汇众智、聚众力、集众资、合众能，激发制造业的创新活力，促进有效投资、有效供给与消费需求均衡增长，激发制造业内部创新动力进而实现转型升级：①“双创”促进传统制造业新旧动能转化升级。我国传统制造业还处于全球价值链低端，产品附加值较低，例如煤炭、钢铁、机械等领域产能过剩，供求关系失衡。通过“双创”注入新技术、新管理、新模式，倒逼传统制造业通过“设计＋用户”、“制造＋电商”、“营销＋社交”等模式进行转型升级。②“双创”助推战略性制造业智能化与信息化深度融合。“双创”通过协同设计→众包研发→创新联盟等模式，促进工业技术与信息技术跨行业融合，衍生出云制造、无人工厂、大规模个性化定制等制造业智能制造创新模式。③“双创”推动制造业由生产型向服务型转变。制造企业通过“双创”促进信息流、技术流、资金流及物联网的优化整合，激发制造企业实施个性化管理模式、形成创新业态、降低制造企业服务化转型成本，最终实现创新驱动制造服务业转型升级。④“双创”有助于促进大中小制造企业协同发展，构建共享经济。建设创新驱动制造强国，依靠大中小制造企业发挥各自优势协同发展，通过设立产业融资基金、开展供应链金融服务、搭建创业孵化和协同创新平台，加速创意孵化和技术成果产业化，助推中小企业快速成长。“双创”还催生服务全行业的第三方资源平台，有效促进了大中小企业间资源协同与供需对接，推动形成竞争优势明显的虚拟制造产业集群。

3. 创新驱动制造业转型升级创新创业价值链。

制造业转型升级创新生态圈核心层由智能制造、制造业转型升级构成创新创业价值链。“双创四众”驱动制造业跃迁升级作用机理可借助制造业价值链“微笑曲线”进行深入剖析。如图 2 所示，纵坐标表示制造业产品价值链增值幅度，横坐标表示制造业所处全球价值链各环节。微笑曲线表示价值增值程度，从左至右依次为创新研发、组装制造与品牌服务，曲线中间位置产品价值链附加值较低，两端价值链附加值较高[5]。从微笑曲线Ⅰ到微笑曲线Ⅱ表明制造业附加值增值过程。目前我国制造业总体自主创新能力不足，缺乏核心竞争力，制造业增长传统动能减弱，新的增长点尚未形成，造成制造业产品价值链附加值降低，微笑曲线处于下降模式。另一方面，“双创四众”给传统制造业注入新技术、新管理、新模式，驱动制造业与互联网跨行业深度融合与创新研发，增加制造业价值链附加值。同时，“双创四众”驱动制造业转型升级过程中，将催生云制造、无人工厂、大规模个性化定制等新型制造业智能化模式进而创新品牌服务，提高制造业整体附加值，微笑曲线处于上升模式。

“双创四众”驱动制造业跃迁升级可以分为 3 个阶段，即①基于全球价值链的制造业横向扩张升级阶段。创新驱动制造企业在该阶段通过升级，产品具备了质量与成本优势，但由于没有掌握该行业核心技术，生产过程低创新率、低创新机会与低附加值，产品生产表现为简单加工与组装制造。如图 2 所示，经过创新驱动制造业升级，其增值空间从 A 点上升到 B 点，但仍处于全球价值链同一环节，价值链附加值没有显著增长。②基于全球价值链的制造业纵向渗透升级阶段。处于该发展阶段的创新驱动制造业升级主要表现为全球价值链战略生产环节转移。图 2 所示处于微笑曲线增值幅度较低的 A 点转移到增值幅度较高的 C 点，向研发设计或品牌服务高增值空间转移。③基于全球价值链的制造业跃迁式升级阶段。在拥有较强的自主创新能力基础上，制造业从微笑曲线低增值空间 A 点向高增值空间 D 点跃迁，突破“核心技术锁定”，制造业价值链实现增值并提高制造业产业链整体竞争力[6]。

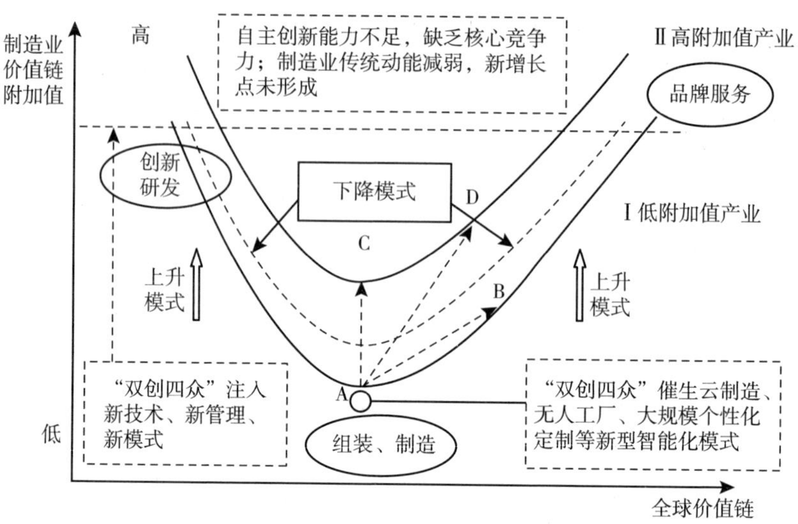

图2 “双创四众”驱动制造业跃迁升级作用机理

资料来源：根据2016年全球价值链治理与创新驱动制造业转型升级相关文献归纳整理。

四、“双创四众”驱动制造业转型升级创新模式及案例分析

大众创业、万众创新是制造业转型升级的内在驱动力，为制造业转型升级提供了社会环境创新基础。众创、众包、众扶、众筹作为双创实践的路径模式及技术保障，直接或间接作用于制造业转型升级。“双创四众”驱动制造业转型升级分别从不同的创新视角及模式路径为中国制造智能化转型升级提供持续驱动力，如表1所示。

（一）“双创”驱动制造业转型升级模式

“智能制造促转型、创新创业添活力”是“大众创业、万众创新”驱动制造业转型升级的核心内涵[7]。制造企业是技术创新主体，通过“双创”对接“互联网+”与“中国制造2015”，在“双创”驱动制造业转型升级过程中，将为大众创业、万众创新提供更多平台与机遇，从而激发更强的创新创业动力。进一步挖掘创新创业驱动制造业升级模式，积极发挥众创空间、创投风投载体及平台，打造双创示范基地及创新创业生态链，培育制造业升级新动能。

（1）众创空间创新模式。新技术与全球化消费为全民创业提供了空间与可能性，新的经济发展模式与创新生态催生众创空间。众创空间具备以下特征：线上与线下、孵化与投资相结合，为小微企业成长和个人创业提供低成本、便利化、全要素的开放式综合服务平台；顺应创新2.0时代消费创新、大众创新、开放创新、协同创新，催生了北京中关村、上海新车间、深圳柴火创客空间、杭州洋葱

胶囊、南京创客空间等制造业创新平台。

表1　“双创四众”驱动制造业转型升级模式及选择路径

双创四众	模式及类型	制造业转型案例与数据
众创	企业平台型、天使+孵化型、开放空间型、媒体依托型、新型地产型、垂直产业型	WeWork众创空间、1010孵化器、中关村的云基地、微软创投加速器
众包	消费者定制（C2B）、O2O（Online To Offline）、移动Web支付、社交分析、大数据、云平台	苹果地图数据、苏宁采购模式、海尔创意文化产业、互联网+科研众包
众扶	互联网+公共服务平台、分享经济、开源社区、联众渠道、企业创业基金、产业链协同创新	掌心众扶、科研资源共享、创新券政策、企业专利合作、3D打印+分享经济等
众筹	股权众筹、债权众筹、回报众筹、公益众筹、产品众筹、消费众筹、捐赠众筹、奖励众筹	Kickstarter众筹平台、华为股权众筹、阿里淘宝股权众筹、京东股权众筹等
创新创业	众创空间、创投风投、创新创业生态链、创新创业孵化器、产业转型升级、经济新动能、双创示范基地、“互联网+双创+中国制2025”、智能制造促转型创业创新添活力	2015~2016年全国新登记制造业创新主体390万户，增长19%。创客空间超过200个，1600多个科技企业孵化器、加速器，129个国家高新区和大学科技园区，形成完整的创业服务链条和良好的创新生态

资料来源：根据2016年“双创四众”政策文件与制造业转型升级相关理论文献归纳整理。

（2）创新投融资模式。顺应大众创业、万众创新的时代潮流，积极利用互联网金融与国家众创空间平台，服务制造业等实体经济。创投风投等投融资模式着力解决制造孵化企业融资难、融资贵问题，实现“平台+服务+资本+市场”无缝对接与融合。

（3）创新创业生态链。创新创业通过发力众创空间3.0，构建了“创业物质条件→创业孵化服务→创业金融服务→创业股权投融资平台”的完整生态链，既涵盖创客与众筹、众包、众扶的融合空间，又体现投资与创业、创意、创造共生空间。通过完善创新创业生态系统，服务创新创业孵化器，进而激发大众创新创业活力，促进制造业转型升级。

（4）“互联网+双创+中国制造2025”。当前，“互联网+制造业”将引发产品个性化、制造服务化等产业变革，以智能产品、智能工厂、智能服务为变革路径的智能制造，需要“双创”支撑平台对内汇集创新资源，对外提供创新服务。统计数据预计，到2018年底制造业骨干企业互联网“双创”推广率将达到85%，以2015年为基期，实现制造云企业用户翻一番，新产品研发周期缩短12%，库存周转率提高25%，能源利用率提高5%。到2025年，“互联网+制造业”与“双创”支撑体系基本形成，制造业综合竞争力大幅提升。

（二）“四众”驱动制造业转型升级模式

众创、众包、众筹、众扶以其灵活的创新与实践模式，从不同创新维度为大众创业、万众创新事业提供支撑，直接或间接驱动制造业管理模式及产品服务转型升级[8]。

1. 众创驱动制造业转型升级模式。

在“互联网 + 制造业”产业生态环境下，构建面向大众创业、万众创新的众创空间服务平台，是制造业转型升级与打造经济发展新动能的关键：①企业平台型。该模式基于企业现有先进技术资源与产业资源，为小微企业及个人创业者提供技术支持与创新创业服务，其主要特点是大企业资源支撑 + 内外部孵化结合。如微软创投加速器（微软云加速器），致力于做“最专业的创业服务”，通过打造云生态圈实现微软与创业者双向互动，共同成长；②天使 + 孵化型。该模式借鉴发达国家孵化器成功模式，由民间资本或教育类机构为创业者或制造企业传授运营管理经验，降低创业风险，提升投资成功率。创新工厂（Innovattion Works）是一个全方位的创业平台，立足移动互联网、消费互联网、电子商务和云计算等信息化制造业最前沿，为创业初期公司提供技术、资金、市场、人力及培训等服务；③开放空间型。该孵化模式为创业者提供共享办公设备及空间，定期提供资金、技术支持及技能培训，积极营造创新创业生态圈，具有门槛低、实用性强等特点。除此之外，还有媒体依托型、新型地产型以及垂直产业型等模式[9]。

2. 众包驱动制造业转型升级模式。

众包驱动制造业转型升级模式主要有：①消费者定制（Consumer to Business）。该模式是互联网经济时代联通制造业与消费者的新商业模式，制造企业根据消费者的反馈信息进行个性化生产，从而提高产品及服务供给效率。②线上线下（Online to Offline），将线上消费者与线下传统制造业实体店结合，创造巨大的商业机会和市场潜力。作为消费者，“线上揽客、线下服务”的新模式提供了更加丰富的生活服务，而对制造业实体店而言，该模式拓展了销售渠道、降低了经营成本，进而有效提升了经营效率。③基于互联网个性化定制、众包设计及云计算等创新模式的制造业互联化是制造业转型升级的显著特征。智慧云制造作为云计算 + 制造业的升级版，是以人为中心，以服务化、互联化、个性化、社会化为特征的智慧制造新模式。例如，苹果地图数据、苏宁采购模式、海尔创意文化产业、互联网 + 科研众包等创新众包模式为驱动制造业转型升级提供创新支撑。

3. 众扶驱动制造业转型升级模式。

众扶主要是通过互联网 + 公共服务、联众渠道、企业创业基金及产业链协同创新等平台的帮扶新模式。①联众渠道作为一种创新商业模式，通过将线上平台和线下渠道合伙人相结合，拓展了传统制造业销售众包渠道，进而降低制造企业销售成本，该众扶模式将发展成为 B2B 主流模式。②产业链协同创新，是指通过汇聚各方力量协作创新，围绕产业链培育创新链，最终实现制造业价值链由低端向高端升级。③3D 打印 + 大数据 + 制造业。3D 打印技术与分享经济结合形成"生产型消费者"，即 3D 打印机拥有者在同一领域消费产品的同时，也在生产该产品。该模式可以减少零售商中间环节以降低成本，通过分享消费数据及产品信息，为制造业产品服务向个性化、智能化转型升级提供支持。典型的众扶平台案例主要有掌心众扶、科研资源共享、创新券政策、企业专利合作等。

4. 众筹驱动制造业转型升级模式。

众筹为制造企业转型升级提供资金保障。众筹可以分为购买模式和投资模式。购买模式主要有捐赠众筹、奖励众筹、产品众筹及消费众筹，投资模式主要有股权众筹、债权众筹、回报众筹、公益众筹等。其中，债权众筹是指投资者对项目或公司进行投资，通过购买债权以期未来获取收益。股权众筹是指投资者对项目或公司进行投资并获得一定比例股份。众筹为风投公司拓展了项目及融资渠道，具备更高效审核机制与较小系统风险，具有低门槛、多样性、草根投资及富有创意等特点。典型的众筹 + 制造业平台主要有：Kickstarter 众筹平台、华为股权众筹、阿里淘宝股权众筹、京东股权众筹等。

（三）"双创四众"驱动长江经济带制造业集群转型升级案例分析

依托内河产业带和制造业基地，长江经济带已成为我国"T"形生产力布局主轴线的核心组成区域。"双创四众"驱动长江经济带制造业集群转型升级是落实"中国制造 2025"规划和长江经济带建设两大国家战略的源动力。

长江经济带制造业集群通过深化体制机制改革和政策先行先试，持续构建创新创业生态系统，打造"四众"新模式，为制造业创新发展提供新动能。近年来，"双创四众"驱动的要素维、动力维及创新维得到持续优化升级，并在信息技术、高端装备、智能制造、生命科学等重大共性技术领域取得突破。如图 3 所示，以 2008 年为基期，长江经济带制造业集群创新创业环境指数与创新能力指数呈显著增长趋势，体现出创新潜力与创新包容性。

众创——汇众智促创新，长江经济带制造业集群创新型孵化器支撑智能制造。制造业转型升级关键在于创新驱动。近年来，通过持续培育产生了星谷电机、创新工厂、车库咖啡、微软加速器及 36 氪等制造业创新型孵化器。经过资源整合与创新实践，这些制造业创新型孵化器在运营模式、服务对象、服务内容等方面逐渐形成独具特色的创新链。例如杭州云栖小镇的特色是云计算，涉及到云计算、大数据、智能硬件等各个领域。通过培育创新创业孵化器，搭建早期投资、创业培训、创业媒体、创业交流等高端制造业要素集聚平台，推动各种创新要素快速融合。

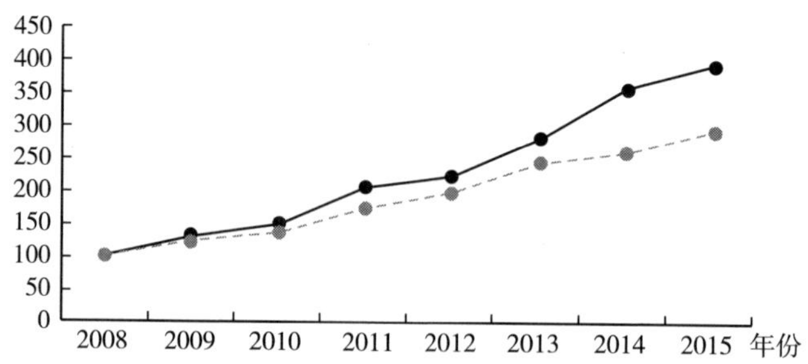

图3 长江经济带制造业集群2008~2015年创新创业环境指数及创新能力指数变化率

众包——汇众力促变革，分享经济模式助推长江经济带制造业集群升级。在互联网时代，专业细分引发规模效应，跨界融合带动产业变革，借助“互联网+分享经济”模式，推进高端制造、生物医药等传统行业转型升级；同时通过众包服务渗透到O2O（Online To Offline）领域，通过优化社会资源配置降低制造企业服务成本、推动传统制造业组织模式升级。例如阿里巴巴众包平台借助互联网招募个人配送员，日配送量突破50万单，配送员达10万余人。众包成为长江经济带创新驱动及资源优化配置新平台、现代产业组织新模式及助推创新创业新动力，以众包为特征的分享经济模式带动了区域就业，释放出创新创业活力。

众扶——汇众能助创业，“研发协同+智能制造”平台。“创业更简单、创客不孤单”是长江经济带制造业集群扶持创新创业口号。借助大数据技术平台，融合政策、技术、人才、金融及知识产权等200多个服务机构近千项服务，创建全要素线上创新创业生态系统。例如，武汉东湖高新区鼓励社会组织、领军制造企业和国有企业等通过开放资源、开展标准化创制等形式，扶持带动产业链、生态圈创业创新。长江经济带众创空间大众创业中心，给创业者提供了灵活多样的制造业转型升级模式思路。2015年5月，上海市政府数据服务网2.0版完成建设并上线试运行，鼓励公众利用公共信息资源开发创新应用，成为线上线下相结合、“互联网+开放创新+研发协同+智能制造”的制造业创新创业平台。

众筹——汇众资促发展，“天使投资+合伙人制+股权众筹”模式。制造业转型升级需要协同科技金融创新。目前长江经济带制造业集群的股权众筹以及其他基于大数据应用筹融资平台达50多家。例如，2014年12月，成都成立互联网股权众筹平台，以数据为依托，以服务为中心，向投融资双方提供全方位的融资咨询、法律咨询、人力咨询以及媒体宣传服务，以众包的形式打造制造业股权众筹生态圈；近年来，重庆以“天使投资+合伙人制+股权众筹”作为主流制造业融资模式，股权众筹、债权众筹等成为普通大众创新创业主要融资平台，未来将在国家监管部门支持下积极开展股权众筹试点，汇聚更多民间资金支持创新创业。

五、研究结论与政策建议

（一）研究结论

通过上述对“双创四众”驱动制造业转型升级机理、模式及路径的研究，从制造业转型升级的社会创新基础入手，得出以下研究结论：①“双创四众”形成一个完整的创新生态圈，助力制造业转型升级，“四众”构成生态圈最外层动力链，“双创”为生态圈中间层环境链，核心层是由智能制造构成的价值链顶端，创新生态圈3个链条相互促进、和谐共生；②“双创四众”通过注入新技术、新管理、新模式催生云制造、无人工厂、大规模个性化定制等新业态，驱动制造业从全球价值链低端向产业高附加值高端跃迁；③“双创四众”各自创新模式及驱动作用的充分发挥，将为制造业转型升级营造良好创新生态并催生更多智造创意、吸引更多创客，形成智能制造促转型、创业创新添活力的长效激励机制。

（二）政策建议

“十三五”时期是深入实施《中国制造2025》、全面落实制造强国战略与推进经济提质增效升级的关键期，迎合以互联网+、智能制造、云计算、大数据为代表的信息革命机遇，构建制造业创新生态系统，使“双创四众”成为制造业转型升级新动力。为此，需要遵循以企业为主体，以优化创新创业社会环境、改革政府职能为关键环节的原则，做好顶层设计。

（1）全面深化体制机制改革，提高劳动、资本、信息技术等全要素生产率，简政放权以最大限度释放制度红利与全社会创新创业活力。“双创四众”关键在于建立有利于激发市场活力与释放民众创造潜能的制度环境，有效推进行政审批制度改革，实施负面清单管理模式，从根本上破除阻碍创新创业新模式发展的准入障碍，减少中小企业创新创业成本，积极培育制造业创客空间，重点提升金融资本对实体经济支撑的质量和实效，引导社会资本向制造业聚集，为企业实施“双创四众”提供稳定支撑及良好社会预期[10]。

（2）优化政府服务，提升政策精准度，在“双创四众”优化存量和催生增量的作用机理上创新，提升制造业创新发展能力。强化政府公共服务职能，使政府真正成为创新创业者的后台服务器，重点解决创新产品进入市场“最后一公里”问题。坚持创新驱动制造业转型升级，发挥“双创四众”在核心技术攻关及科研成果转化中的支撑作用，提高关键环节和重点领域创新能力。通过市场机制聚集并利用全球创新资源，积极推进制造业在技术、工艺、装备及生产组织模式方面创新，加快传统制造业向智能化、网络化、数字化转型，培育以智能制造、绿色制造为特征的新产品、新业态[11]。

（3）充分发挥企业创新主体优势和“双创四众”主导作用，增强制造企业的国际竞争力。加快建立新常态下市场化创新方向选择机制，完善创新风险分担与利益分享机制。积极为制造企业搭建创新创业平台，形成大企业创新带动，中小企业专业分工、服务外包、订单生产的“双创四众”新模式，构建协同创新、分享共赢的制造业创新生态，助推制造业加快融入服务链、创新链与产业链[12]。完善中小企业创业创新服务体系，扶持创业孵化、系统集成、知识产权等专业服务发展，降低中小企业创新创业门槛，形成“大企业顶天立地、小企业铺天盖地”的良性创新生态与创业态势。

参考文献

[1] 马克思，恩格斯．马克思恩格斯选集（第四卷）[M]．北京：人民出版社，1972：150 159.

[2] 约瑟夫·熊彼特．经济发展理论 [M]．北京：商务印书馆，1990：53-56.

[3] 迈克尔·波特．竞争优势 [M]．北京：华夏出版社，1997.

[4] 苗圩．扎实推进“双创”，加快形成制造业发展新动能 [J]．中国经贸导刊，2016 (2)：12-14.

[5] 曾繁华，等．创新驱动制造业转型升级机理及演化路径研究——基于全球价值链治理视角 [J]．科技进步与对策，2015 (24)：45-49.

[6] 曾繁华，王飞．技术创新驱动战略性新兴产业跃迁机理与对策——基于全球价值链视角 [J]．科技进步与对策，2014 (23)：51-55.

[7] 吴先华，盛巧燕．从“中国制造”到“中国智造” [J]．中国工业经济，2014 (11)：82-89.

[8]《中国工业发展报告》课题组．中国工业改革开放30年最具影响力的30件大事 [J]．中国工业经济，2008 (5)：159-160.

[9] 国务院．关于加快构建大众创业万众创新支撑平台的指导意见 [Z]．中华人民共和国国务院公报，2015 (18)：5-10.

[10] 王佑镁，叶爱敏．从创客空间到众创空间：基于创新2.0的功能模型与服务路径 [J]．电化教育研究，2015 (11)：5-12.

[11] 张克．如何推动技术转移中心成为双创四众新引擎 [J]．华东科技，2016 (2)：22-24.

[12] Humphrey J., Schmtiz H. How does insertion in global value chains affect upgrading in industrial chusters [J]. Regional Studies, 2002 (36): 101-107.

（与侯晓东、吴阳芬合作，原载《科技进步与对策》2016年第23期）

创新驱动制造业转型升级演化路径研究

——基于全球价值链治理视角

一、引言

以互联网为基础的新一轮信息技术的兴起，正深刻影响着各行各业的发展，并引发变革。互联网信息技术与制造业的融合，正诱发我国制造业新一轮转型，并形成了众多的新生产方式，商业模式等。各国都在加大科技发展力度，力求抢夺新一轮以移动互联网、物联网、大数据、云计算等为特征的新信息技术革命的胜利，抢夺发展先机，赢得重新洗牌的机会。德国等发达国家确立以智能制造为核心的“工业4.0”国家战略，不断扩展重塑制造业价值链体系。美国利用其科技创新与互联网优势，也提出了“工业互联网”战略，力促制造业回归与创新。发达国家在经历国际金融危机后，纷纷推出“再工业化”战略；经济下行压力加大、低成本优势丧失，不少发展中国家也积极参与全球产业再分工，谋求拓展国际市场空间，壮大市场。在如此严峻的背景下，目前我国制造业大而不强，企业主体自主创新能力弱，对外技术依存度仍然很高，品牌效应弱。此外，还存在结构不合理，资源配置不佳，清洁生产能力弱等诸多问题。如何抓住当下互联网快速发展所提供的资金、技术、能源等机遇，加快我国制造业与信息技术的深度融合，实现创新驱动制造业转型发展，积极应对挑战，发挥自主创新作用，依托我国制造业发展现状，开拓我国制造业发展新模式，新路径，实现智能制造、绿色制造是我国当前制造业努力的主攻方向。也是增强我国竞争力，提升我国国家地位的重要途径，是推动制造业由全球价值链低端环节向高端环节跃迁，完成中国制造由大变强战略任务。[1]

二、文献综述与评价

随着经济全球化和技术变革进程日趋加快，国内外学者对制造业转型升级及政策优化进行了大量研究，拓展了制造业转型发展研究新领域与新方法。国内外相关研究包括：

（一）制造业转型升级机理与路径研究

李泽润等在先进制造业全面参与国际垂直专业化分工的背景下，通过构建VAR模型对参与国际垂直专业化分工对中国制造业产业升级的影响进行了实证分析。曾繁华等对我国制造业的升级演化路径分为四类：委托代工模式、基于全球价值链的OEM－ODM－OBM路线、技术创新推动制造业升级、技术创新与品牌创新。[2] 秦可德从产业集群与空间网络动态分布的视角对区域制造业的转型发展进行分析，认为优化空间网络动态分布，把握全球制造业智能化发展趋势是迈向高端制造的有效路径。陈立敏分析了传统制造业与先进制造业的本质特征，提出促进制造业转型升级的优化政策与跃迁方向，即产业融合、自主创新、绿色制造等。[3] 郭伟峰、王汉斌等尝试运用协同理论借助局部调整自回归模型分析我国制造业转型内在机理，实证分析影响制造业转型升级因素。[4] 唐光海基于“互联网＋制造业”的研究视角，认为制造业具有生产扩大化与生产虚拟化转型升级特征。

（二）创新驱动与制造业价值链治理的研究

杰罗菲在1990年创造性地提出了创新驱动型GVC治理框架，提供了发展中国家制造业价值链攀升的机理路径。沃尔特·W. 鲍威尔对GVC治理结构进行了细分，依据市场基础、交易模式、弹性程度与组织氛围等指标将GVC治理分为层级价值链、市场价值链和网络价值链。汉弗莱、施米茨通过对全球价值链治理分析，研究了产业转型升级路径及模式：制造工艺流程升级→产品供给结构升级→功能服务优化升级→产业链跃迁升级。熊宇等深入分析了全球价值链治理的“驱动”、“协调”和“标准化”跃迁路径，分析了产业链、价值链治理与制造业转型升级的关联性。孙泗泉，叶琪以国内装备制造业为例，提出了基于产业技术演化进程中破坏性创新助推本土制造业转型升级机理并进行了实证研究。[5]

（三）文献评价

上述研究各自从不同的角度论述了制造业转型升级作用机理与演化路径，相关结论主要有：创新驱动是推动我国传统制造业转型升级向高端制造迈进的现实路径；基于全球价值链治理基础上创新将有效助推制造业外部市场技术环境与内部结构管理优化升级；创新驱动如何提高我国制造业在全球价值链中的地位、增强我国制造业的国际竞争力成为政策优化的方向。但如何基于全球价值链治理视角对制造业转型升级机理研究还不够深入；对创新驱动制造业转型升级机理路径的研究缺乏理论梳理与现实可操作性。本文尝试构建全球价值链治理理论、创新驱动转型机理与制造业升级路径三者之间动态联系，在转型升级机理、演化路径与目标政策三者间进行协调创新研究。

三、基于全球价值链治理视角的制造业跃迁升级路径分析

大量理论研究与实证分析表明，创新驱动是决定制造业转型升级方式的关键因素。制造业转型升级过程本质在于构建以市场为导向、以企业为主体的创新创业生态系统，从全球价值链治理视角，以产业链为轴心，以创新链为基础展开最优资源配置，通过科学技术开发实现技术创新与突破，将科技成果转化为现实生产力的过程，同时也是实现制造业在价值链中由低附加值、低技术含量向高附加值、高技术含量攀升的过程。[6]在此过程中，资源增加、产出能力增加、技术突破、创新能力提高等会使制造业转型升级达到一个较高水平，创新也逐步演化发展为核心生产环节、重点领域的创新，一旦突破这些特定发展阶段约束，制造业的发展将会实现跃迁升级式的发展。[7]

汉弗莱、施米茨基于全球价值链治理视角，按照从低到高升级模式将制造业转型升级分为生产工艺流程升级、产品结构升级、服务功能升级、跨产业跃迁升级四个空间维度。[8]其中，生产工艺流程升级是指制造企业通过建立交叉补贴的平台生态圈实现商业模式升级，运用灵活低成本战略适应未来智能供应链运营模式升级，依靠技术引进并加以模仿创新，对产品生产系统进行加工重组，改进生产结构降低生产成本。产品结构优化是通过互联网+制造业，借助大数据云计算实现制造业市场定位，以消费市场为导向实施产品供给升级，提高产品质量与附加值。服务优化升级是指制造企业对产品功能结构进行创新升级，满足未来个性化、多样化的需求以及智能制造、绿色制造发展趋势。[9]跨产业跃迁升级是指制造业的跨界融合，利用移动互联网，提高制造品质，打造全球化的品牌，从而推动整个制造业由价值链低附加值环节向高附加值环节跃迁升级。

笔者在已有文献研究基础上，结合当前我国制造业转型升级新趋势，根据全球价值链治理模式及制造企业所处发展阶段与所具备创新能力，将制造业转型升级分为三个环节：（1）基于全球价值链治理的新兴制造业横向扩张阶段。（2）基于全球价值链治理的新兴制造业纵向渗透升级阶段。（3）基于全球价值链治理的新兴制

造业跃迁式升级阶段（如表1所示）。制造企业在这三个发展阶段所应具备的核心能力具有由低到高递进关系。基于全球价值链微笑曲线原理，按照制造业附加值由全球价值链低端向两端螺旋上升发展趋势，结合制造业产品与服务生产与研发规律，研究创新驱动制造业转型升级机理。如图1所示，纵坐标表示制造业产品价值链附加值，横坐标表示全球价值链制造业所处环节。微笑曲线分为左（创新研发）、中（组装制造）、右（品牌服务）三个生产流程，曲线表示附加值获利程度，从微笑曲线Ⅰ跃迁到微笑曲线Ⅱ，说明创新驱动制造企业产品及服务附加值显著提升。

表1　基于全球价值链治理视角的技术创新驱动战略制造业跃迁机理

创新发展阶段	核心升级能力	制造业升级表现	制造企业类型
基于全球价值链横向扩张阶段	生产工艺流程升级产品高端转移升级	生产系统的重新组织或新技术引进、成本降低、生产效率提高产品智能化升级的提高或改善、产品差异化战略实施、互联网+工业，打造自主品牌	低级加工制造业高级绿色制造产业
基于全球价值链纵向渗透升级阶段	服务功能升级	产品功能变迁，整体技能水平提高，差异化、个性化服务升级	中、低端创新型企业
基于全球价值链跃迁阶段	跨产业跃迁升级	基于原行业的某种优势或者利用新技术通过架构创新多元化，开创新的装备制造业	高端自主创新型企业

资料来源：根据2015年全球价值链治理与制造业转型升级相关理论文献归纳整理。

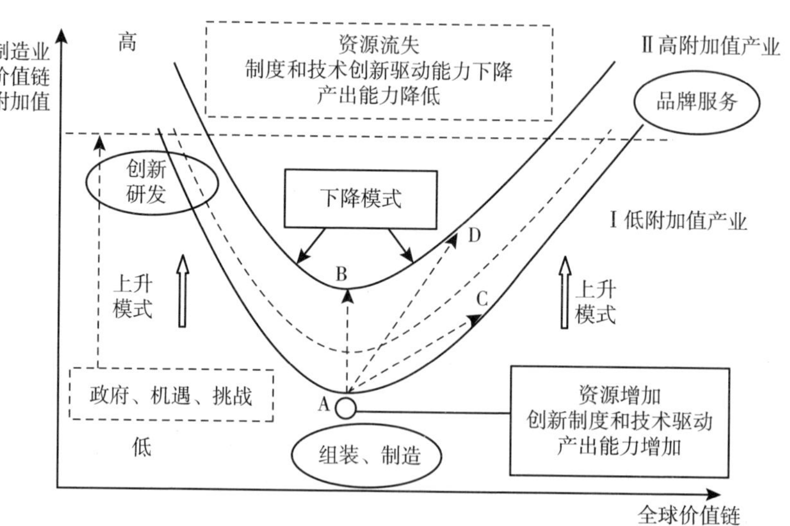

图1　基于全球价值链治理的制造业创新驱动升级能力变迁

资料来源：根据2015年全球价值链治理与制造业转型升级相关文献归纳整理。

全球价值链治理理论强调整个全球市场的开放与联系，突出产业与企业间互动关系，制造业转型升级本质在于价值链的增值。发达国家依靠有利条件嵌入价值链的高附加值环节或制造业高端，市场进入壁垒较高。因此，嵌入该价值链的制造企业就具有某种垄断性质。在全球产业利益分配中获得了较强话语权与市场产权。一般情况下，存在着两种可以相互转换的模式：①上升模式：如果政府制定有利于制造业升级政策、提供有利于制造业转型的环境机遇、制造业的重大技术突破对产业资源产生了“吸聚效应”，制造企业就能实现产业跃迁升级。包含两个升级路径：一是同一产业（品）价值链内部跃迁升级，即企业在同一产业（品）价值链上由低附加值向高附加值环节跃迁。二是不同产业（品）价值链之间升级，即制造业由低附加值的产业（品）链向高附加值的产业（品）链跃迁。②下降模式：如果在国际制造业竞争中制造企业不注重创新驱动与转型升级，政府无法提供有利于制造业升级的创新体制与创新环境，制造企业将面临成本优势丧失、制造业国际技术竞争力下降与产品供需结构失衡等困境，导致制造业价值链由高附加值产业链降为低附加值产业链。[10]

（一）基于全球价值链治理的新兴制造业横向扩张阶段

在横向扩张阶段，制造业转型主要依靠引进先进技术实现生产工艺流程与产品高端转移升级，提高产业价值链中生产加工效率，实现对关键核心技术的掌握以及对较高附加值环节的占有。通过新产品与生产线的引进与改造，提高新产品、新品牌市场竞争力。该阶段仍处于全球价值链中的从属地位，担当 OEM 的角色，受到领头企业的控制。[11] 自主品牌经营尚不成熟，经营重心还是围绕着原有产品、原有领导企业展开。如图 1 所示，在制造企业升级后，其增值空间为从 A 点上升到 B 点，但仍处于全球价值链同一环节，没有发生制造业内部创新升级。我国制造业经过多年发展，一方面已经具备了较好发展基础与完备的制造体系，另一方面，“中国制造”核心技术竞争力较弱，缺乏品牌创新意识。为实现“中国制造 2025”及高端装备制造业与工业应用协同创新目标，必须加快能源装备制造业品牌创新发展，从“中国制造”到“中国创造”从“装备中国”到“装备世界”，近年来以许继集团为代表的我国能源装备制造业正在从注重数量和规模向注重质量和水平转变，打造能源装备“升级版”。许继集团依托智能制造、“互联网 +”对自身制造业务进行重新定义，从仅依靠技术及装备创新向打造大数据背景下现代装备制造服务业横向扩张，延伸产业价值链并向微笑曲线两端跃迁升级。[12]

（二）基于全球价值链治理的新兴制造业纵向渗透升级阶段

嵌入价值链高端环节，提升产品价值链分工地位，通过依托自主品牌重构价值链，以此重构或组建自己领导下的价值链系统。企业实现了从 ODM 进入 OBM 阶段。如图 1 所示，制造企业实现了微笑曲线从附加值较低的生产环节 A 点跃迁到附加值较高的研发设计或品牌服务的 C 点，其全球价值链开始向微笑曲线的高增值空间迁移。我国高端装备制造业是新兴产业中的支柱产业，近年来，国内产能过剩问题突出，这对高端装备制造业发展形成了严重制约。[13]因此，推进制造业供给侧结构性改革，利用国内国外两个市场化解过剩产能，助推制造业中小企业产品及服务升级，积极融入“一带一路”倡议，助推我国装备制造企业由横向扩张向纵向渗透阶段转型升级。

（三）基于全球价值链治理的新兴制造业跃迁式升级阶段

该阶段需要依靠突破性的技术进步与创新推动制造业从全球价值链低附加值向高附加值跃迁升级。如图 1 所示，当具备较强的研发创新能力后，制造业升级路径从 A 点转移到附加值较高的 D 点，从微笑曲线低增值空间向高增值空间跃迁，突破跨国公司的“核心技术锁定”，实现制造业价值链的整体跃迁。由此，实现智能制造应以创新驱动为主，通过逐步实施改革，落实“中国制造 2025”和“互联网 +”行动，并借助大众创业、万众创新助推产业和技术变革，在新一轮信息技术革命中抢占中国制造发展新起点，实现经济增长迈向中高端水平。随着生产方式的数字化和信息的网络化，以 3D 打印和智能制造为代表的“第三次工业革命”正对传统制造业产生深远影响。促进中国制造转型升级，既要积极改造传统制造业，同时对接世界制造业发展前沿，推进 3D 打印、高档数控机床、工业机器人等新技术新装备的运用和制造，以个性化定制服务消费，以智能制造拓展更广阔市场空间，以绿色生产支撑可持续发展，为国际产能合作拓展更大空间，助推制造业转型升级。

四、创新驱动制造业转型升级演化路径分析

创新驱动制造业转型升级主要通过由创新环境、创新投入、创新绩效与创新潜力等外部空间维度来带动制造业制度环境、发展模式、生产手段与科研技术转型变革，如图 2 所示。(1) 要素维，从制造业内部看，由于创新驱动力使制造企业从目前的土地、资金、人力、设备等要素驱动向全要素创新驱动转变，在企业内部形成要素维。(2) 竞争维，随着新一轮信息科技革命浪潮与新技术的广泛应用，传统制造业在发展理念、技术体系、制造模式和价值链治理等环节变革升级，体现为制造业的数字化、网络化和智能化。创新推动制造业在相关领域取得突破，缩小与先进制造业强国之间的差距，提升优势行业国际竞争力，选择重点

领域和重点行业率先实现赶超和引领。(3) 动力维，包括压力与动力，制造业作为引领创新的重要载体，创新驱动的强弱通过制造业产品和服务得以体现。另一方面，在融入全球价值链的过程中，制造企业通过相互合作与竞争提高创新意识，注重创新合作，形成推动力。压力与动力相互作用，促进制造业创新转型与结构升级。

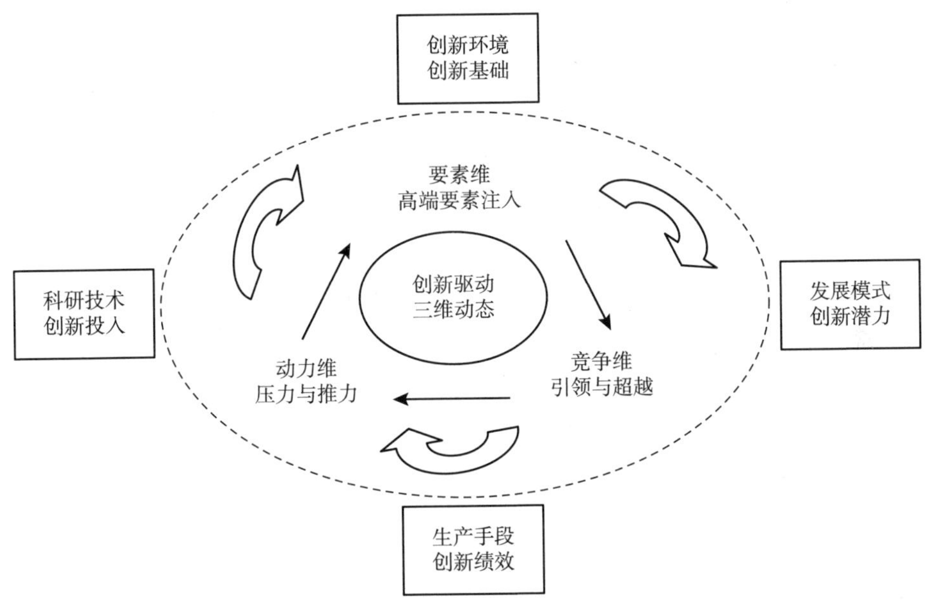

图 2　创新驱动制造业转型升级三维动态分析

资料来源：根据 2015 年全球价值链治理与制造业转型升级相关理论文献归纳整理。

综合上述分析，制造业内部三个维度之间相互关联，相互影响。制造业企业之间的竞争会产生创新动力，而制造业企业与行业之间的相互推动力又促使高端要素的流动，在要素流动与分配中又会产生新的竞争，三者之间的循环运动促使制造业生产手段的智能化、数字化、装备现代化；发展模式的绿色化、服务化；组织模式扁平化和资源配置全球化；发展格局的比较优势动态化。[14]

创新驱动制造业转型升级路径分为三个层级，第一层级由转型创新、均衡创新、效率创新及升级创新构成创新维，进而持续推动制造业向绿色制造、以数字网络化、智能化为代表的高端制造、现代制造服务业、现代制造集群等方向转变，如图 3 所示。第二层级主要通过科技创新使制造业技术创新内部化，创新驱动先进制造业创新科技成果反作用于制造业内部交易与供应链。第三层次主要表现为在创新驱动外部智能制造及科技创新助推制造业内部升级基础上，进一步探求创新全球价值链治理模式及制造业转型升级路径，转型升级路径主要有嵌入全球价值链为主的制造业外源式升级路径与构建全球价值链为主的制造业内源式升级路径。[15]由此，创新驱动制造业从外部技术层与内部管理层进行转型升级，根据价值链中交易的复杂程度、价值链各主体相互作用强度不同采用不同的价值链治理模式，价值链治理模式主要包括网络型治理模式和垂直等级制治理模式，总之，通过创新全球价值链治理模式，将进一步推动制造业转型升级。

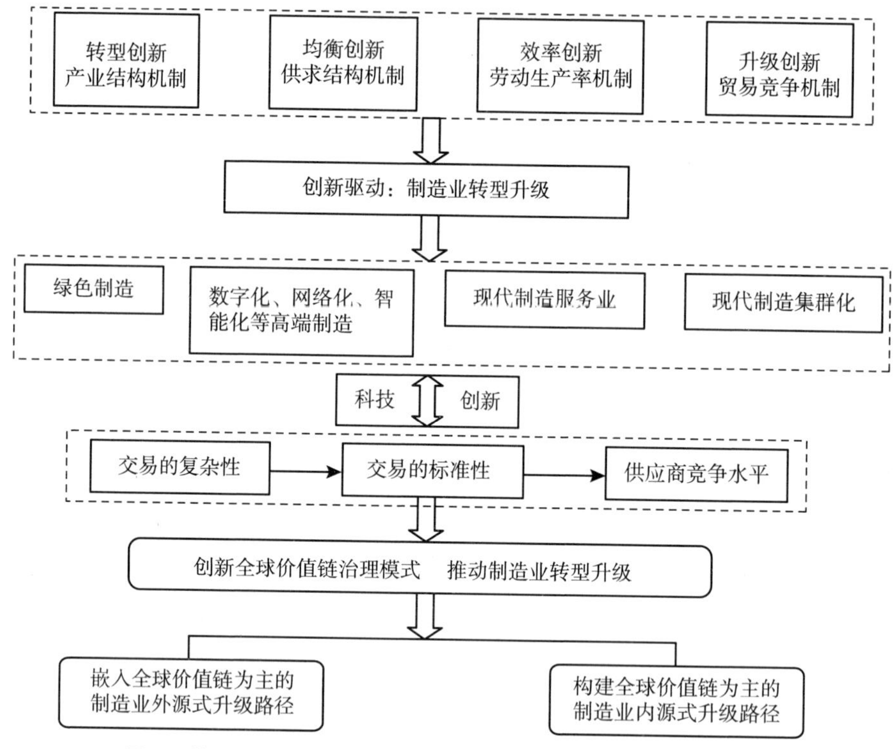

图3 基于全球价值链治理的创新驱动制造业转型升级跃迁路径

资料来源：根据2016年全球价值链治理与制造业转型升级相关理论文献归纳整理。

基于对全球价值链治理与创新驱动制造业升级路径动态分析，本文认为实现创新驱动制造业转型升级应实现由外源式升级路径向内源式升级转变，具体体现为升级制造链、构建创新链、创新方法链。

（一）升级以模仿创新、集成创新、引进消化吸收再创新为特征的全球制造链

巩固和发展我国制造业成本低、总量大产能足的基础优势，提高制造业创新生产要素参与全球价值链治理的比重。做大做强基础制造，创新制造业发展模式，化解过剩产能，推动产业结构迈向中高端。当前，我们的首要任务在于以全

球价值链治理为基础，依靠创新驱动优化制造链，降低“路径依赖”和“低端锁定”的风险，实现从价值链的低端向高端跃迁和攀升。[16] 面对国内钢铁工业产能过剩、市场环境恶化及盈利空间被挤压的困境，宝钢积极融入“双创”实践，借助“一带一路”走出去战略，成功实现由制造中心向服务中心转型，由国内市场向国外市场延伸。

（二）以嵌入 GVC 与自主创新相结合，构建制造创新链

创新链作为制造业转型升级动力支撑系统，保障了制造业供应链的有序供给，同时也为中国制造业发展提供了技术及新旧动能转化平台。创新链竞争能力的强弱决定着制造业整体水平与全球价值链治理分工地位。我国制造链的创新能力弱，制约着制造业转型升级，向全球价值链高端跃迁的路径。现阶段，我国制造业面临发达国家依托技术研发、技术创新与外包为特征的制造业创新链的竞争压力，现实可行的路径在于充分利用新一轮信息技术革命浪潮，推动以“互联网 + 制造业”、云计算、大数据等智能制造服务终端，以创新链促产业链，通过产业链转型升级积极融入全球价值链。作为中国制造业创新引领者华为公司注重研发投入与技术创新、“工者有其股”的制度创新及市场与研发组织创新，以创新驱动制造链升级。

（三）构建基于 GVC 为主的制造业内源式创新方法链

在该路径中，制造企业处于 GVC 的主导地位，是 GVC 的治理者，与外源模式相比，自主创新内源升级模式具有成本较低、学习能力和应变能力较强、人力资源等优势。数据显示，我国制造业创新要素在总量上与发达国家差距正逐步缩小，创新能力也获得很大提高，并逐步由过去复制式、跟随式创新向自主式、引领式创新转型。国家对创新的科研投入力度也逐年增强，并逐步出台、完善相关创新、创业扶持、鼓励政策。以上汽集团、中航工业、首钢集团为代表的新兴自主创新企业通过“模仿、消化、吸收国外技术—自行设计制造（ODM）—自主品牌制造（OBM）”的自主创新式的功能升级发展模式。[17] 因此，实现我国从制造强国向智造强国转变，关键在于整合创新方法链的要素并对要素之间关系及其发展过程进行重组优化，坚持创新驱动制造业转型升级向智能制造、绿色制造发展。

五、研究结论及政策优化建议

通过上述创新驱动制造业转型升级演化路径分析，得出如下结论：（1）制造业转型升级只有依靠技术与体制创新驱动才能突破人力成本与产业空心化的制

约，实现制造业市场供需均衡。(2) 基于全球价值链治理理论，有利于制造业转型升级的外部政策环境、制造业内部的重大技术突破将会使产业资源产生“吸聚效应”，从而推动制造业向价值链高端跃迁升级。(3) 创新驱动制造业转型升级是一个多维空间与多种要素综合作用的过程，只有推动各要素协同创新才能实现以智能制造、绿色制造为特征的现代高端制造业集群。因此，实现中国制造升级，一方面要坚持“走出去”，通过学习借鉴逐步推进科技体制改革，并充分发挥市场在资源配置中的决定作用，通过支持、鼓励政策等激发市场主体生产、创新的活力；另一方面，要根据全球价值链治理理论依靠创新驱动，制定和实施“中国制造 2025”。

（一）做好顶层设计，推进创新驱动制造业转型升级的体制机制改革

第一，加快转变政府职能。构建与经济基础相适应的上层建筑是实现经济持续、健康发展的必然要求。因此，完善、提高政府管理、治理能力，转变政府职能势在必行。有效的政府治理有利于保证制造业发展方向、增强制造业发展活力和动力。深化行政审批制度改革，落实企业投资主体地位。第二，深化科技体制改革。现阶段我国制造业之所以大而不强，根本还在于自主创新能力不足。数据显示，2016 年上半年，中国制造业采购经理指数（PMI）为 48.1%，比上半年低 1.4 个百分点，创下自 2011 年 11 月以来的新低，连续 7 个月处于临界点以下的水平，制造业创新指数下行压力较大。由此，加快推进政府职能改革，发挥创新人才市场基础作用，构建政产学研用协同创新生态系统，培育以自主创新、引领创新为特征的制造业包容性创新体系，进一步改革技术管理创新体制机制。第三，加快以市场为基础的价格税收体制改革，充分发挥市场在资源配置中的决定性作用，建立健全制造业市场定价机制，适度减少政府对制造业定价干预，发挥微观价格的调节作用，实现资源配置帕累托最优。实施制造业供给侧改革，驱动制造业产品及技术供给结构升级，促进制造业市场供求均衡。

（二）以供给侧结构性改革促进制造业生产转型与管理模式创新

推进制造业供给侧结构性改革、化解过剩产能、扩大有效供给的关键在于依靠创新引领消费，运用互联网思维掌握核心技术，实现智能制造与产业升级，提高简政放权、降低税费等制度供给效率。第一，重视管理创新，依托“互联网 + 制造业”，创新制造企业经营管理模式，实施高端制造、智能制造、绿色制造。积极营造有利于大众创业、万众创新的制造业创新市场环境，发展众创、众扶、众包、众筹等驱动制造业转型升级创客空间模式。第二，随着以 3D 打印、物联网、工业机器人等为代表的先进信息技术融入制造业，高技术人才的需求缺口及培训管理成为制约先进制造业转型升级瓶颈，中国制造业人才短板在于缺乏足够

的经验和熟练的工艺水平。按照创新驱动、人才为本的制造业转型路径，营造公平竞争的创新创业环境与科学的人才管理机制，构建以大众创新、万众创业为特征的制造业人才创新链。第三，在落实“中国制造2025”过程中，也应当充分发挥市场和政府作用、统筹利用各方面资源、以“创新驱动、质量为先、绿色发展、结构优化”为发展方针，通过化解过剩产能，做大做强基础制造链，构建以绿色制造、产品质量与品牌创建为特征的创新链，提升我国制造业在全球价值链中的竞争力。

（三）创新驱动制造业智能化、精致化、绿色化和服务化转型升级路径

通过上述宏观层面分析，创新是中国制造业转型升级动力之源，遵循创新驱动制造业转型升级演化路径结合制造业发展实际，促进中国制造向智能化、精致化、绿色化和服务化转型升级，实现中国制造由全球价值链低端锁定向高端创新跃迁。智能化就是以“互联网+制造业”为风口，应对产业发展趋势加速对接工业4.0，以“智能制造、全渠道零售、微企互联网”为战略方向，全力打造智能制造互联网生态圈；制造业精致化要求对生产要素、加工工艺流程到制造管理理念全方位革新升级，弘扬工匠精神把产品及服务做扎实、做精致，在制造业经营多元化的基础上适度发展投资多元化；落实《中国制造2025》，全面推进绿色制造的关键在于绿色新产品、绿色新技术与绿色新工艺的研发，力争到2025年，制造业绿色发展和主要产品单耗达到世界先进水平，绿色制造体系基本建立；制造业服务化是基于以制造为中心全球价值链向以服务为中心转变，产业竞争力不仅来源于传统制造活动的效率，也取决于内部服务的有效组织和提供，所以要增加服务要素在制造业全部投入中的比例。

总之，在宏观经济下行背景下，中国制造业转型应立足全球价值链治理机理，创新驱动、深化改革、调整政策，合力推动中国制造业迈向中高端。

参考文献

［1］曾繁华，赵祯昱，游宝德．产业技术垄断竞争力研究［J］．管理世界，2013（1）：180－181.

［2］曾繁华，王飞．技术创新驱动战略性新兴产业跃迁机理与对策——基于全球价值链视角［J］．科技进步与对策，2014（12）：51－55.

［3］陈立敏．国际竞争力就等于出口竞争力吗？——基于中国制造业对比实证分析［J］．世界经济研究，2012（12）：11－17.

［4］郭伟峰，王汉斌．李春鹏．制造业转型升级的协同机理研究——以泉州制造业转型升级为例［J］．科技管理研究，2012（23）：124－129.

［5］孙泗泉，叶琪．创新驱动制造业转型的作用机理与战略选择［J］．产业与科技论坛，2015（14）：15－18.

［6］史本业，李泽润. 基于国际垂直专业化分工的中国制造业产业升级研究［J］. 商业研究，2014（1）：48－54.

［7］桑俊，易善策. 我国传统产业集群升级的创新实现机制［J］. 科技进步与对策，2008（6）：74－78.

［8］江心英，李兴花. 贴牌企业演化路径国内外研究综述［J］. 科技管理研究，2013（17）：104－108.

［9］蔡瑞林，陈万明，陈圻. 低成本创新驱动制造业高端化的路径研究［J］. 科学学研究，2014（3）：385－391.

［10］唐光海. 互联网思维下制造业产业升级路径与对策研究［J］. 经济观察，2015（3）：22－24.

［11］葛秋萍，李梅. 我国创新驱动型产业升级政策研究［J］. 科技进步与对策，2013（16）.

［12］周民良. 区域创新、结构调整与中国地区制造业转型升级［J］. 学习与实践，2011（8）：31－43.

［13］秦可德. 打造创新方法链——访创新方法研究会秘书长周元［N］. 经济日报，2012－04－23.

［14］M. Kanter. When A Thousand Flowers Bloom：Structural，Collective and Social Conditions for Innovation in Organization［J］. Research in organizational Behavior，1998（10）：108－114.

［15］Ally，T. On the Fragmentation of Production in the US［R］. University of Colorado－Boulder Working Paper，2011（9）：79－82.

［16］Ally，T. Production Staging：Measurement and Facts［R］. FREIT Working paper，2012（15）：286－291.

［17］Mador，J. and Cabral，S. Vertical Specialization Across the Word：A Relative Measure［J］. The North American Journal of Economics and Finance，2009，20（3）：267－280.

（与杨馥华、侯晓东合作，原载《贵州社会科学》2016年第11期）

信息技术发展与制造业工资增长

一、引言

制造业作为国民经济的主体，是我国的立国之本、兴国之器、强国之基。自改革开放以来我国制造业获得了快速的发展，规模位居世界第一，为我国赢得了“世界工厂”的美誉。近年来我国频频出现“招工难”和“民工荒”现象，不可避免地伴随着工资水平的快速上涨，给我国制造业尤其是劳动密集型制造业带来了挑战。以 2000 年不变价计算，2003 年制造业城镇单位就业人员的平均工资是 12533 元，2015 年这一数据上升至 39019 元，年平均增长率为 9.94%。从另一个角度来看，工资的增长表明劳动力成本也在不断上升。以往依靠要素驱动或投资规模驱动的发展模式将难以为继，只有提高全要素生产率才是提高劳动生产率的根本途径[1]59。这给制造业的转型升级指明了方向。

与此同时，信息技术（Information Technology，IT）得到了长足的发展并给人们的工作、学习以及交流方式等方方面面都带来了巨大的影响。信息技术的广泛应用将信息这一重要生产要素和战略资源的作用充分地发挥出来，通过打破信息不对称、降低交易成本从而提高社会全要素生产率。随着我国制造业的不断发展，信息技术在制造业中的应用也越来越多。这不禁使我们思考：信息技术的发展是否是推高制造业工资水平的因素之一？如果是，那么其作用机制是什么？我国制造业又能否依靠信息技术的发展实现转型升级？

虽然进入 21 世纪以后信息技术发展对经济的影响作用一直是国内外关注的热点，但是现有文献在探讨信息技术发展对制造业影响作用这一问题尚存在不足之处。从研究视角上看，几乎没有相关文献从制造业工资增长机制进行分析。从研究方法上看，现有文献对于信息技术发展与制造业关系的实证研究仍然较少。本文就制造业工资增长的机理以及信息技术发展在其中所起的作用进行了深入研究，这不仅扩展了信息技术发展对制造业影响作用方面的研究成果，而且可以为我国制造业转型升级提供有价值的政策建议。

二、文献综述

罗伯特·索洛的一句名言“你可以感到计算机时代的影响无处不在，除了在生产率的统计中”引发了国内外众多学者的相关研究，其中信息技术发展对制造业的影响作用也是研究热点之一。

国外学者对于这一问题的讨论开始较早。Oliner 和 Sichel（2000）[2]指出信息技术通过减轻或消除信息不对称从而提高了生产过程中各种要素的使用效率。其实证分析结果表明：信息技术的发展和应用显著提高了美国各行业的劳动生产率。随后 Stiroh（2002）[3]通过工业行业层面的数据证明了 Oliner 和 Sichel 的观点。其研究发现信息技术广泛应用的工业行业较之于信息技术应用较少的工业行业拥有更高的生产率，而信息技术的资本深化明显提高了工业行业的劳动生产率。此外，不少学者也针对美国之外的其他国家和地区进行了类似的研究。在日本，信息技术对全要素生产率的提升不仅表现在信息技术设备生产部门，还表现在那些广泛使用信息技术设备的部门[4]。有研究发现，新加坡在经济上的巨大成功与其致力于信息技术发展的努力密不可分，信息技术的广泛应用提高了各行业的劳动生产率[5]。从 20 世纪 90 年代开始，信息技术资本对澳大利亚的产出、劳动生产率及技术进步均产生了很大的促进作用，保持信息技术的快速发展应当是澳大利亚未来关注的重点[6]。

我国探讨信息技术发展对制造业影响作用的文献则出现相对较晚。徐盈之和孙剑（2009）[7]运用产业融合的理论分析了信息产业与制造业的融合程度对制造业产业绩效的影响。他们研究发现，信息产业与制造业的融合能够显著提升制造业的绩效水平，为推进信息化和工业化融合提供了实证依据。谢康等（2012）[8]同样研究了工业化和信息化的融合问题，他们在完全竞争和不完全竞争条件下均发现融合会对经济增长方式的转变、产业结构变迁、节能降耗具有一定的影响。马淑琴和谢杰（2013）[9]基于异质性企业的理论框架对网络基础设施与制造业出口产品技术含量之间的相关性进行了研究，他们发现网络基础设施对于制造业出口产品技术含量的提高具有较大的促进作用。韩先锋等（2014）[10]则分析了信息化与制造业技术创新的关系，其研究发现二者之间具有“倒 U 型”关系，并提出我国继续进行信息化建设依然可以提升制造业的技术创新效率。

从文献回顾中可以看出，现有国内外的相关研究从多方面探讨了信息技术发展对制造业的影响作用，结论多为积极的。在我国“招工难”和“民工荒”现象频发的背景下，制造业劳动力成本的上升已然成为转型升级之路上不可回避的难题，需要深入研究。然而，现有文献缺乏从制造业工资增长这个“制造业面临的挑战”角度去分析信息技术发展对制造业的影响作用。本文力求从制造业工资增长的全新视角出发探讨信息技术发展的影响作用。

三、信息技术发展对制造业工资增长的作用分析

（一）制造业工资水平的决定

为了研究信息技术发展对制造业工资增长的作用，首先需要研究制造业工资水平的决定。根据新古典工资理论，在完全竞争市场假设下，劳动者的实际工资就等于边际劳动生产率。虽然现实情况并不满足假设，但是边际劳动生产率依然是工资水平的一个主要决定因素。尽管如此，简单地将边际劳动生产率等同于工资也是不合理的，因为劳动力市场上劳动力供求的相互作用也在很大程度上影响着工资水平。总之，制造业工资水平的决定主要取决于两方面的因素：边际劳动生产率和劳动力市场供求。

1. 边际劳动生产率。

在完全竞争市场条件下，实际工资与边际劳动生产率的关系非常简单明了：二者是相等的。虽然在现实中我国制造业劳动力并非如完全竞争市场所假设的那样具有无限供给、充分信息、自由流动等特征，但是作为劳动力要素收益的一个基本衡量，边际劳动生产率实质上仍然是实际工资的形成基础。2004 年之后，随着“刘易斯转折点”的到来，我国劳动力市场的功能充分发挥，边际劳动生产率对于工资形成的作用得以体现。有学者指出：在我国迎来“刘易斯转折点”之后，“人口红利”面临消失，劳动力需求增长速度超过供给增长速度，现代经济部门如制造业的劳动力工资趋向于由其边际劳动生产率决定[11]。因此，边际劳动生产率是决定实际工资水平的重要因素之一。

2. 劳动力市场供求。

制造业工资水平还受劳动市场上劳动力供给和需求相互作用的影响，其中不仅包含数量变化的影响因素，还包含结构变化的影响因素。制造业劳动市场上的劳动力按照拥有专业技能的多少可以大体分为中高端劳动力和低端劳动力，两类劳动力分别主要在需求结构变化和供给数量变化中影响着制造业工资水平。

（1）劳动力需求结构变化。

劳动力需求结构的变化主要是针对中高端劳动力而言的。随着我国制造业的结构变迁和转型升级，对劳动力的人力资本要求也在不断提升，对高素质劳动力的需求量越来越大。然而，我国拥有专业技术的中高端劳动力资源则相对匮乏。与此同时，中高端劳动力资源在制造业行业间的配置也起着重要作用。由于劳动

力供给结构无法迅速匹配劳动力需求结构的变化或者劳动力资源在行业间的配置不合理，我国制造业劳动力表现出了结构性短缺的特征。中高端劳动力的供不应求和行业间配置不合理导致制造业企业在雇佣所需劳动力时将不得不提高劳动者报酬，为获取相对短缺的专业人才付出更高的成本。

制造业结构变迁是造成劳动力需求结构变化的主要因素。制造业结构变迁包括制造业结构的高度化和合理化两个方面。制造业结构高度化是制造业结构升级的一种度量，它的提高表现为高端技术产业在制造业总体中的比重增大。制造业经历高度化表明制造业的技术密集度和资本密集度在不断上升，同时意味着对从业人员的人力资本如专业技能的要求也随之提高，对中高端劳动力的需求增加。由于我国特殊的人力资源结构，拥有专业技术能力的中高端劳动力相对匮乏。劳动力资源往往不能在短期内满足这种需求结构变化，则会导致中高端劳动力供不应求。制造业企业寻找合适的工人需要付出更大的代价，整体的平均用工成本就会提高。而制造业合理化是制造业行业间聚合质量的一种度量，它不仅反映行业之间的协调程度，也能够反映资源有效利用的程度。制造业合理化能够体现劳动力资源在制造业各行业间的配置效率和分布合理性，因而合理化程度的提高意味着劳动力尤其是中高端劳动力的供求匹配难度降低，制造业企业寻找合适工人的难度降低，制造业整体的平均用工成本也会降低。

（2）劳动力供给数量变化。

劳动力供给数量变化则主要针对低端劳动力，其供给数量的变化是影响制造业工资水平的因素之一。蔡昉（2013）[1]63的研究认为，我国经济 2004 年已经经历“刘易斯转折点”。而 2011 年以后，随着我国 15 ~ 64 岁劳动年龄人口开始绝对减少，劳动力供给尤其是低端劳动力的供给也开始减少，低端劳动力的稀缺性显著增强，这也成为制造业工资水平上涨的一个原因。

（二）信息技术发展对制造业工资增长的作用

信息技术作为当今最先进生产力的代表之一，多年来它与制造业的深度融合正在引发深刻而广泛的产业变革。2015 年 5 月，国务院印发了《中国制造 2025》，并提出要在智能制造和“互联网 +”这两个制造业信息化方向上持续发力，驱动制造业向数字化、网络化和智能化发展，不断提升我国制造业的国际竞争力。

智能制造是基于新一代信息技术，由智能机器与人类专家共同构成的一体化智能系统。“互联网 +”是一种将互联网的创新成果融合于经济社会各个领域的新型经济形态，其与制造业的融合对传统的生产制造模式具有颠覆性作用。智能制造和“互联网 +”的实现基础分别是软件技术的不断提高和互联网的广泛应用。智能制造通过软件嵌入提高了制造系统的智能程度，将生产设备、机器人、传送带、仓储系统等制造资源组合成为一个循环网络，从而实现信息深度自感知、智慧优化自决策、精准控制自执行。并且，员工可以凭借对形势和环境的判断采取及时的行动以调节配置制造系统，提高了人类脑力劳动的自动化程度，他们将能够从低效例行的工作中释放和解脱，而在高效创新的活动上投入更多，这些最终表现为制造业全要素生产率的提升。互联网则给过去封闭的制造体系带来了更高的开放性。全球互联网的用户数目在过去的十年里增长迅猛，而互联网给制造业带来的价值也随着使用者的增多而不断增大。随着互联网用户的增加、接入互联网设备的增多，互联网可以为生产者和消费者提供更加透明洞察的信息，拉近生产者与消费者之间距离的同时也能够最大限度地利用消费者这个重要的创新资源。而两者的共同作用“互联网+智能制造”更是在广大的范围中将人的智力与制造技术的智能有机结合，能够对制造流程的每个环节实施优化，既体现了个性化定制的灵活又不失标准化制造的效率，能够共同提升制造业的全要素生产率。

根据以上分析，制造业工资水平的决定主要取决于两方面的因素：边际劳动生产率和劳动力市场供求，因此也可以将边际劳动生产率和劳动力市场供求视为作用于制造业工资水平的两条途径。全要素生产率作为边际劳动生产率的重要组成和影响因素之一，它的提高对于边际劳动生产率具有提升作用。这样，智能制造和“互联网+”就通过对制造业全要素生产率的提升进而作用于边际劳动生产率这个途径，最终引起制造业工资水平的增长。理论上，这种增长作用来源于对全要素生产率的提升，对劳动生产率有拉动作用。因此，智能制造和“互联网+”的发展引起的制造业工资增长具有全要素生产率提升的支撑，能够对制造业转型升级起到促进作用。

四、研究设计与实证结果

（一）模型设计

首先从边际劳动生产率途径考察制造业工资水平的影响因素。假设制造业生产函数为规模报酬不变的柯布-道格拉斯生产函数，技术进步是希克斯中性的。在此基础上得到边际劳动生产率 MP_L，并取对数：

$$\ln MP_L = \ln(1-a) + \ln A + a\ln\left(\frac{K}{L}\right) \tag{1}$$

其中，K、L 分别为资本和劳动投入量，K/L 表示劳均资本，a 表示资本产出弹性，且 $0<a<1$。A 为全要素生产率（TFP），反映制造业的技术水平。

信息技术发展是影响制造业全要素生产率的重要因素。根据智能制造和“互联网+”的技术基础或作用核心，本文设置软件技术（soft）和互联网应用（inter）两个主变量表示信息技术发展水平。作为控制变量，技术创新[12]、市场化[13]、城市化[14]也会对全要素生产率产生影响。为方便分析，本文将技术创新（inv）、市场化（mark）和城市化（urban）之外的影响因素归为其他因素（μ）。按照习惯，全要素生产率与影响因素的关系可以表述如下：

$$A = e^{soft + inter + inv + mark + urban + \mu} \tag{2}$$

将（2）式代入（1）式，得到：

$$\ln MP_L = \ln(1 - a) + a\ln\left(\frac{K}{L}\right) + soft + inter + inv + mark + urban + \mu \tag{3}$$

然后，从劳动力市场供求途径考察制造业工资水平的影响因素。对于反映劳动力需求结构变化的制造业结构变迁，从高度化（th）和合理化（ts）两个方面予以测度。对于劳动力供给数量变化，则用劳动力供给短缺（short）表示。

由于制造业工资水平受边际劳动生产率和劳动力市场供求的共同作用，而这些因素常常因为习惯、偏好等而具有连续性或者惯性，即前期的制造业工资水平可能对后期的制造业工资水平具有某种影响。在实证模型中被解释变量表现为自回归，由于制造业工资是内生变量，模型变量可能存在内生性，静态面板得不到一致的估计结果。因此，在（3）式边际劳动生产率途径的基础上结合劳动力市场供求途径对制造业工资水平构建如下动态面板模型：

$$\begin{aligned} \ln\overline{w}_{it} = {} & c + \beta_1 soft_{it} + \beta_2 inter_{it} + \beta_3 inv_{it} + \beta_4 mark_{it} + \beta_5 urban_{it} + \beta_6 lnkl_{it} \\ & + \beta_7 th_{it} + \beta_8 ts_{it} + \beta_9 short_{it} + \gamma \ln\overline{w}_{i,t-1} + \mu_{it} \end{aligned} \tag{4}$$

（4）式中 $\ln\overline{w}$ 表示制造业平均工资的对数；lnkl 表示劳均资本存量的对数；i 表示第 i（i = 1，…，30）个省份，西藏因数据不全未考虑；t 表示第 t（t = 2006，…，2013）年；c 为常数项；μ 为误差项，包含未考虑到的影响制造业工资的其他因素。

软件技术进步与互联网广泛应用对于制造业全要素生产率的提升可能具有一种共同作用，即二者的交互作用能够共同导致制造业工资水平的增长。当然，从软件技术进步与互联网广泛应用的交互视角来看，这种对工资的提升作用仍然具有全要素生产率提高的支撑。为检验这种作用，引入软件技术和互联网应用的连乘变量 softinter，构建模型如下，符号含义与模型（4）相同。

$$\begin{aligned} \ln\overline{w}_{it} = {} & c + \beta_1 softinter_{it} + \beta_2 inv_{it} + \beta_3 mark_{it} + \beta_4 urban_{it} + \beta_5 lnkl_{it} \\ & + \beta_6 th_{it} + \beta_7 ts_{it} + \beta_8 short_{it} + \gamma \ln\overline{w}_{i,t-1} + \mu_{it} \end{aligned} \tag{5}$$

（二）变量测度

1. 信息技术发展水平的测度。

本文通过软件技术和互联网应用两方面来衡量信息技术发展水平。采用不同的方法测度软件技术有助于判断模型结果的稳健性。软件技术采用两种方法测度：一是软件产业的总资产，二是软件产业的软件业务收入。软件产业的总资产取对数表示为 lnsofta，对应表 2 中的模型（4a）；软件产业的软件业务收入取对数表示为 lnsoftr，对应表 2 中的模型（4b），数据来自《中国电子信息产业统计年鉴》（2006～2013 年）。互联网应用采用互联网渗透率来表示，即互联网上网人数与总人口之比，数据来自《中国统计年鉴》（2007～2014 年）。软件技术与互联网应用连乘变量分别为 lnsoftainter、lnsoftrinter，分别对应表 2 中的模型（5a）和（5b）。

2. 其他变量的测度。

制造业工资水平采用制造业城镇单位就业人员平均工资衡量，使用居民消费价格指数（2000 年为基期）进行平减后取对数；技术创新采用每 10 万人拥有的有效发明专利数衡量；市场化采用非国有工业销售产值的比例测度；城市化采用城镇人口占总人口比例衡量；以上指标数据均来自《中国统计年鉴》（2007～2014 年）。劳均资本存量用制造业资本存量与劳动力之比衡量，资本存量借鉴黄勇峰等（2002）[15]采用的永续盘存法计算，数据来自国研网和《中国统计年鉴》（2007～2014 年）。

制造业结构变迁包括高度化和合理化。借鉴李贤珠（2010）[16]对制造业的分类方法，本文同样按技术水平将制造业分为高端技术产业、中端技术产业、低端技术产业三类。高度化采用高端技术产业产值与中端技术产业产值之比度量，这一比值越大反映了制造业技术密集度越高。由于产值和增加值数据缺失，故采用与总产值比较接近的销售产值数据代替。合理化采用泰尔指数度量，测算公式详见干春晖等（2011）[17]，所得泰尔指数值与制造业结构合理化程度呈负相关关系。如果市场上生产要素可以充分流动，则制造业各行业劳动生产率、产出结构和就业结构趋同，泰尔指数趋近于 0，生产要素在行业间实现最优配置。测算制造业高度化与合理化的数据来源于国研网。劳动力短缺以虚拟变量处理。由于 2011 年以后我国劳动年龄人口开始绝对减少，因此 2011～2013 年设为 1，其他时间取 0。各变量的描述性统计如表 1 所示。

表 1　　变量的描述性统计

变量	定义	样本数	平均值	标准差	最小值	最大值
$\ln\overline{w}$	制造业平均工资对数	240	10.039	0.309	9.455	10.947
lnsofta	软件业总资产对数	234	5.027	1.946	-0.156	9.026
lnsoftr	软件业软件业务收入对数	234	4.455	1.976	-1.769	8.241
inter	互联网渗透率	240	0.305	0.159	0.038	0.735
inv	每十万人有效发明专利数	240	6.633	12.912	0.361	97.848

续表

变量	定义	样本数	平均值	标准差	最小值	最大值
mark	市场化水平	240	0. 597	0. 186	0. 161	0. 892
urban	城市化水平	240	0. 511	0. 141	0. 274	0. 896
lnkl	劳均资本存量对数	239	3. 901	0. 569	2. 52	5. 3
th	制造业高度化	240	1. 478	1. 114	0. 179	4. 865
ts	制造业合理化	240	0. 201	0. 219	0. 029	1. 512
short	劳动力短缺	240	0. 375	0. 485	0	1

（三）估计结果

在回归前，考察各解释变量的方差膨胀因子 VIF 值，发现其介于 1. 30 与 4. 55 之间，均小于 10，说明多重共线性对于该模型并不严重。被解释变量 $\overline{\ln w}$ 的滞后值作为解释变量之一，给模型（4）和（5）带来了内生性问题。此外，结合经济意义和内生性检验，考虑解释变量 inter、inv、mark、urban 和 lnkl 可能存在内生性问题，而假设 lnsofta、lnsoftr、th、ts 和 short 为外生变量。

为了解决变量内生性问题对结果造成的影响，本文采用两步系统 GMM 估计法并选择 collapse 减少矩条件件数对模型（4）、（5）进行估计，估计结果列入表 2。可以看到，每个模型各自 2 种情况在 5% 的显著性水平上没有拒绝不存在二阶自相关的原假设，过度识别的 Sargan 和 Hansen 检验也都没有拒绝原假设，说明工具变量选择是合理的。

表 2　　模型（4）和模型（5）的 GMM 估计结果

模型	模型（4a）		模型（4b）		模型（5a）		模型（5b）	
	系数	P 值	系数	P 值	系数	P 值	系数	P 值
lnsofta/lnsoftr	0. 039	0. 000	0. 044	0. 000				
inter	0. 386	0. 006	0. 204	0. 086				
lnsoftainter/ lnsoftrinter					0. 051	0. 000	0. 048	0. 000
inv	-0. 001	0. 772	-0. 001	0. 204	-0. 001	0. 582	-0. 001	0. 248
mark	-0. 723	0. 000	-0. 637	0. 000	-0. 325	0. 004	-0. 341	0. 001
urban	-0. 018	0. 873	-0. 024	0. 768	0. 145	0. 107	0. 07	0. 378
lnkl	0. 159	0. 000	0. 124	0. 000	0. 105	0. 000	0. 078	0. 001

续表

模型	模型（4a）		模型（4b）		模型（5a）		模型（5b）	
	系数	P值	系数	P值	系数	P值	系数	P值
th	0.068	0.000	0.055	0.000	0.027	0.069	0.028	0.038
ts	0.125	0.002	0.147	0.000	0.057	0.014	0.061	0.002
short	0.039	0.000	0.032	0.001	0.020	0.041	0.018	0.068
c	3.690	0.000	2.524	0.000	2.709	0.000	2.114	0.000
$\ln\overline{w}_{t-1}$	0.576	0.000	0.710	0.000	0.694	0.000	0.771	0.000
二阶自相关检验	-1.17	0.241	-1.86	0.063	-1.71	0.088	-1.88	0.060
Sargan 检验	10.99	0.612	12.58	0.481	13.87	0.383	16.17	0.240
Hansen 检验	11.89	0.537	11.36	0.581	13.50	0.410	11.18	0.596

从估计结果中可以看出，软件技术的提升与互联网的广泛应用均对制造业工资的增长有正的影响作用，两者的相互作用也能够造成制造业工资的增长。从表2可以看出，lnsoft在模型（4）的两种情况下系数均为正值，估计系数的显著水平均达到1%；表明用软件业总资产和软件业务收入衡量的软件技术水平每提升1%，制造业平均工资就增长0.04%左右。inter在模型（4）的两种情况下系数也都为正，显著水平在模型（4a）中达到1%，在（4b）中达到10%；说明互联网渗透率反映的互联网应用的广泛程度每增加0.1个单位，制造业平均工资增长2.04%~3.86%。模型（5a）和（5b）中软件技术提升和互联网应用连乘式的系数也均为正值，显著性水平均达到1%。lnsoftainter和lnsoftrinter的系数在模型（5a）和（5b）中分别是0.051和0.048，这就是说lnsoftainter和lnsoftrinter分别增加1个单位，制造业工资水平上升5.1%和4.8%。

控制变量中市场化水平的系数显著为负，表明非国有企业比重提高带来的市场化资源配置降低了制造业劳动力成本。劳均资本存量、制造业结构高度化与制造业结构合理化的系数在所有模型中均高度显著为正，与理论预期一致。劳动力短缺的系数在模型（4）和（5）中也都高度显著为正，符合理论预期。制造业工资水平的滞后项系数显著为正，意味着前期制造业工资水平显著提升当期制造业工资水平。

总之，两种方法测度的软件技术的提升与互联网的广泛应用都可以引起制造业工资的增长，而采用两种方法测度的两者的相互作用同样也对制造业工资水平的增长起着促进作用，模型（4）和模型（5）的估计结果是稳健的。

（四）估计结果的解释

软件技术的提高、互联网的广泛应用以及二者的连乘项对制造业工资增长的作用均显著为正，这说明近年来制造业的工资增长中有这些因素的贡献。我国居民收入多年来增长缓慢，国内消费严重不足。作为改善劳动者生活质量、提高劳动者福利水平的必要前提，出现制造业工资增长、劳动收入增加反而引起了不少担忧：劳动力成本的上升将降低制造业产品的国际竞争力，给经济增长带来压力。然而，制造业的工资增长本应是合理的，制造业往日依靠“人口红利”的粗放型增长方式也难以为继，我国制造业未来的出路必然是依靠全要素生产率的提升。随着信息技术的发展日新月异，其与制造业的联系也日益紧密。从物料需求计划（MRP）到企业资源计划（ERP），再到供应链管理（SCM）、客户关系管理（CRM）、制造执行系统（MES），软件技术与互联网的发展和应用一直在促进制造业技术的进步和生产率的提升。因此，软件技术与互联网的发展通过对制造业全要素生产率的提升进而作用于边际劳动生产率，通过边际劳动生产率途径引起了制造业工资水平的增长。由于这种增长是具有全要素生产率提升的支撑作用的，所以从长期来看不会对制造业发展造成负面影响。当前，我国制造业面临生产率增速下降、技术学习难度加大等多重挑战，转型升级迫在眉睫。《中国制造2025》中指出智能制造和“互联网+”两个制造业信息化的发展方向，根据本文的研究可以看到这也是我国制造业转型升级的一条必由之路。

五、简要结论与政策建议

信息技术的发展和应用是导致我国近年来制造业工资增长的因素之一。未来在制造业信息化的过程中，它也会不可避免地引起制造业工资增长。但这种增长具有全要素生产率提升的支撑作用，因此不必担心由此引发的劳动力成本上升问题。这一研究结论对于我国制造业转型升级具有明确的政策意义。

在新常态下我国制造业必须进行转型升级，增长方式必须由依靠要素投入转为依靠全要素生产率的提升。信息技术的发展恰好为这种由粗放型增长方式到集约型增长方式的转化提供了支持。软件技术和互联网是现代信息技术中的核心组成，不仅需要作为重点予以发展战略指引和制度环境营造，更要完善融资支持和培育应用市场，促进和推广二者在制造业的有效应用。我国制造业的优势在于大规模生产和标准化操作技能，因此制造业企业在努力实现柔性化制造、个性化制造的同时，要积极探索能够发挥我国现有优势的智能制造和“互联网+”发展路线，树立开放观念，把握创新态势，制定转型策略。通过智能制造、“互联网+”与大规模生产的有机结合，带动制造业实现数字化、网络化、智能化。

参考文献

[1] 蔡昉．中国经济增长如何转向全要素生产率驱动型［J］．中国社会科学，2013，

(1): 56-71, 206.

[2] Oliner S., Sichel D. The Resurgence of Growth in the Late 1990s: Is Information Technology the Story? [J]. The Journal of Economic Perspectives, 2000, 14 (4): 3-22.

[3] Stiroh K. Information Technology and the U. S. Productivity Revival: What Do the Industry Data Say? [J]. American Economic Review, 2002, 92 (5): 1559-1576.

[4] Fueki T., Kamamoto T. Does Information Technology Raise Japan's Productivity? [J]. Japan & the World Economy, 2009, 21 (4): 325-336.

[5] Vu K. Information and Communication Technology (ICT) and Singapore's Economic Growth [J]. Information Economics & Policy, 2013, 25 (4): 284-300.

[6] Shahiduzzaman M., Alam K. Information Technology and Its Changing Roles to Economic Growth and Productivity in Australia [J]. Telecommunications Policy, 2014, 38 (2): 125-135.

[7] 徐盈之，孙剑. 信息产业与制造业的融合——基于绩效分析的研究 [J]. 中国工业经济，2009，(7): 56-66.

[8] 谢康，肖静华，周先波. 中国工业化与信息化融合质量：理论与实证 [J]. 经济研究，2012，(1): 4-16, 30.

[9] 马淑琴，谢杰. 网络基础设施与制造业出口产品技术含量——跨国数据的动态面板系统 GMM 检验 [J]. 中国工业经济，2013，(2): 70-82.

[10] 韩先锋，惠宁，宋文飞. 信息化能提高中国工业部门技术创新效率吗 [J]. 中国工业经济，2014，(12): 70-82.

[11] 蔡昉，都阳. 工资增长、工资趋同与刘易斯转折点 [J]. 经济学动态，2011，(9): 9-16.

[12] 唐未兵，傅元海，王展祥. 技术创新、技术引进与经济增长方式转变 [J]. 经济研究，2014，(7): 31-43.

[13] 樊纲，王小鲁，马光荣. 中国市场化进程对经济增长的贡献 [J]. 经济研究，2011，(9): 4-16.

[14] 沈坤荣，蒋锐. 中国城市化对经济增长影响机制的实证研究 [J]. 统计研究，2007，(6): 9-15.

[15] 黄勇峰，任若恩，刘晓生. 中国制造业资本存量永续盘存法估计 [J]. 经济学（季刊），2002，(1): 377-396.

[16] 李贤珠. 中韩产业结构高度化的比较分析——以两国制造业为例 [J]. 世界经济研究，2010，(10): 81-86, 89.

[17] 干春晖，郑若谷，余典范. 中国产业结构变迁对经济增长和波动的影响 [J]. 经济研究，2011，(5): 4-16, 31.

（与范瀚文、曾帅合作，原载《云南财经大学学报》2018 年第 5 期）

国家层面

国家经济安全的维度、实质及对策研究

国家经济安全问题是近年来学术界高度关注的重要话题，在经济全球化日益深化和跨国并购作为国际直接投资主要方式的大背景下，外资并购是否危及国家经济安全，学术界有两种对立的观点：其一是认为不会影响国家经济安全；其二是认为外资并购在给我国经济带来正面影响的同时，也对我国国家经济安全构成一定的威胁。本文持后者观点，并从三个方面研究了国家经济安全的维度、实质及对策，具有极其重要的理论与实践意义。

一、国家经济安全的维度视角分析

（一）宏观维度：国家经济安全

国家经济安全问题是伴随着经济全球化深入发展而出现的一个重要课题。宏观维度的国家经济安全，是指主权国家的经济发展和经济利益不受外部和内部的威胁而保持稳定、均衡和持续发展的一种经济状态。它包括两个方面：一是指国内经济安全，即一国能够化解各种潜在风险，保持经济稳定、均衡、持续发展的状态和能力。二是指在国际关系中的经济安全，即一国经济主权不受侵犯，经济发展所依赖的资源供给不受外部势力控制，国家经济发展能够抵御国际市场动荡和风险的冲击。宏观维度经济安全的本质是在经济全球化过程中，一国经济适应外部环境的变化并能稳定持续发展的能力。

（二）中观维度：产业安全

产业安全主要是伴随着外资进入国内市场和“走出去”战略的实施而出现的一个重要问题。所谓产业安全，主要是指主权国家的产业发展及其市场经济利益不受外部威胁和内部失衡影响而保持稳定、均衡和持续提升的一种产业景气状态。它同样包括两个方面：一是因引进外资而被外资优势所利用，进而发展到外资控制甚至垄断国内某些产业倾向，从而对国家经济安全产生威胁而出现的产业风险。它涉及的范围如金融安全、信息安全、人才安全、幼稚产业保护（制造业和高新技术产业）、经济结构与产业结构调整等。二是随着“走出去”战略的实施，中国进出口相关产业因受到国际市场挑战与冲击而出现的产业利益受到侵害。它涉及的范围如能源安全、资源安全、贸易安全等。产业安全的本质是在经济全球化市场让度与分享过程中，一国产业适应内外部环境变化并能稳定持续发展与提升的能力，即产业竞争力的强与弱。

（三）微观维度：企业技术安全

技术创新与技术安全是近年来官学两界共同关注的热点与焦点问题。企业技术能力是一个国家产业提升及企业做强做大赖以存在的根基。技术安全是指企业在经营发展过程中不受外部技术控制与垄断及内部研发能力影响而保持稳定、持续发展并做强做大的一种技术提升状态。技术安全也包括两个方面：一是企业自身技术自主创新能力比较弱而出现的自身技术供给不足。二是来自外部的技术控制、封锁与垄断及企业被并购而出现外部技术供给失效和民族工业技术（包括品牌、人才等）流失等。一国技术安全的本质是其技术自主创新能力的强弱及其核心技术拥有的多寡。其实这三个维度相互交融的，国家经济安全包括和取决于产业安全和企业技术安全。

二、国家经济安全的实质解析

（一）市场安全

国家经济安全实际上代表并反映了一个国家的综合经济实力，包括国际市场上的竞争力、抵御内外风险和实现可持续发展的能力，也就是国家的根本经济利益不受损害。因此，我们认为国家经济安全无论是从哪一层面上讲，其着眼点是如何尽可能追求、实现和保障国家经济利益最大化。众所周知，在市场经济条件下，经济利益的实现无论从何种层面上讲，都是通过市场实现的。由市场实现的经济利益，从宏观层面上讲表现为国民生产总值的持续增长及其结构改善，从中观层面上讲表现为产业市场产值的增加及产业市场利润的提升，从微观上讲就表现为企业规模的扩大、产品市场占有率的提升及企业市场利润的增加。各层面的核心是一国产品和劳务市场占有率的高低。一位西方学者曾尖锐地指出，对于一个国家来讲，失去市场比失去领土的后果更为严重，占领市场比占领领土能够享受更多的好处。因此，在市场经济条件下，国家经济安全实际上市场安全。所谓市场安全是主要指主权国家市场规模的提升与市场结构的改善不受外部威胁、侵蚀、封锁、控制与垄断及内部失衡等的影响而保持稳定、均衡和持续发展的一种市场景气状态。

经济主权是实现国家利益的根本保证，市场产权（见本文第三部分）是国家经济主权的重要内容，维护市场安全对于反对和制约西方市场霸权，维护国家经济安全意义重大。经济全球化是市场让度与市场分享的统一，分享可得福利，让度则有风险。从《中国统计年鉴》近几年的数据来看，跨国公司在华子公司的工业总产值占行业产值的比重具有不断上升的趋势，国内一些行业的龙头企业已被外商控股，特别是在轻工、化工、医药、机械、电子等行业中，不少商品市场已被外商控制约1/3甚至更多的市场份额。从美国吉列公司入主南孚电池和柯达公司并购除乐凯之外所有国内洗印材料和照相器材厂家，迅速形成市场优势地位，再到凯雷并购徐工科技（未成）等，大量案例表明，跨国公司在华并购一般有如下几个特点：（1）并购的一般是行业龙头，以改变行业市场竞争格局；（2）要求绝对控股；（3）年赢利率要达到15%以上；（4）立足长远战略，既不放弃利润，也不放弃市场，甚至不要利润也要占有市场。其结果必然是跨国公司滥用市场优势地位限制竞争行为，甚至产生市场垄断倾向。

经济全球化是由西方跨国公司为主推动的，是西方跨国公司的全球化，是西方发达国家要求发展中国家开放市场的说辞；在经济全球化条件下，虽然由市场机制主导的资源配置活动无国界，但经济利益有国界；在市场全球化日渐明朗的条件下，虽然市场有无国界趋势，但市场的所有权与经营权有国界。所以进而言之，一个国家的经济安全实际上是市场所有权安全。它是指一国市场所有权、占有权等的失控，被国外大型跨国公司控制垄断而失去经济发展的自主性、独立性，以及所引起的市场收益权的大量流失，甚至经济灾难、经济危机或经济倒退等问题。一个国家民族产业及其竞争力的提高要以一定足够的“自主市场空间”为前提，在规模经济及技术垄断竞争日居首要优势地位的经济科技全球化过程中，如果一个国家不能为其民族产业及其竞争力的提升提供足够的“自主市场空间”，必然会形成发达国家跨国公司对本国市场的产业垄断。发展中国家如果没有市场所有权的科学合理的制度安排，势必会产生外国竞争者在市场进入过程中的不付费或少付费而“搭便车”现象，从而会相应损害东道国相关产业的发展及其竞争力的提高。

（二）技术安全

改革开放以来，我国在引进大量外资及其技术的同时，全球技术利用竞争力有了明显的提高，但国内企业及产业的技术自主创新能力并没有相应提高。这主要表现在：（1）基础研究经费投入不足。大量、稳定而长期的基础研究投资是技术创新能力提高的前提保障，我国基础研究投资长期偏低。中国企业500强中

R&D 经费只占销售收入的 1.05%（跨国公司一般在 5% ~20% 之间），全国研发投入占 GDP 的比重目前仅为 1.35%，大大低于发达国家水平（一般在 2% ~3%）。（2）对外技术依存度很高。目前我国关键技术自给率低，对外技术依赖度已超过 50%，发达创新型国家在 30% 以下，美国和日本在 5% 左右；我国具有战略意义的高技术产品与设备等 80% 以上依赖进口；中国科技对经济发展的贡献率只有 33% 左右，发达国家早已达到 80% 以上。（3）对引进技术的消化吸收并再创新不够。我国每花 1 元钱引进国外技术，只用 0.07 分钱进行消化吸收和技术再创新，而在工业化成长时期的日本和韩国，是每花 1 元钱引进技术，要花 5 ~8 元进行消化吸收和技术创新，差别在 50 ~100 倍。（4）在专利技术与国际标准方面存在巨大差距。据有关权威机构调查，每万人产出专利，中国为 10.8 件，日本为 1737 件，德国为 1534 件，超出中国 150 倍以上，韩国超出中国 50 倍，印度超过中国 40 倍。在生物工程、医药等领域，美欧日拥有 95% 左右的专利，包括中国在内的其他国家仅占 4% ~5%。发达创新型国家拥有的发明专利占世界总量的 99%，中国只有万分之三的国内企业真正具有自主知识产权。① 这种创新地位与水平也决定了我国在国际产业分工链上仍处于低端位置。由于没有核心技术，国内企业必须将每部国产手机售价 20%，计算机售价 30%，数控机床售价 20% ~40% 付给国外专利持有者。中国作为世界工厂主要是为西方大公司进行“贴牌生产”，利润的 92% 被外商拿走，“世界工厂”（中国）最多只拿 8% 的利润。中国与发达国家相比，在科学积累和技术水准方面存在着巨大的差距与“技术瓶颈”。因此，中国的国家经济安全的重中之重应该是体现在技术安全上，即体现在中国产业与企业的全球科技创新竞争力的提升上。如果我们的技术创新能力提高了，如果我们在高新技术领域拥有很多核心技术及国际标准，如果我们的对外技术依存度达到了发达国家的水平，中国的经济安全才有根本保障。

（三）处理好市场安全与技术安全的关系

西方国家企业全球技术竞争与技术发展的路径是：企业技术化→技术专利化→专利标准化→标准垄断化→市场垄断，其最终的结果即全球技术与市场的格局：一方面是发达国家及其跨国公司的“双边垄断”（即技术垄断与市场垄断）形成了发达国家技术研发竞争力强→技术垄断竞争力高→技术利用竞争力提升→市场经营权网络扩张力大→市场利润膨胀→财富巨额积累；另一方面是许多发展中国家技术研发竞争力弱→技术垄断竞争力低→技术利用竞争力不高→市场经营权网络扩张力小→市场利润缩小→财富积累水平低。目前，这种由发达国家“双

① 白津夫：《引进国外先进技术的正面作用与负面意义》，红旗大参考编写组《加强自主创新建设创新型国家大参考》，红旗出版社 2006 年版，第 92 页。

边垄断”所导致许多发展中国家及其企业的“双重边缘化”（即技术边缘化与市场边缘化）是全球财富积累贫富两极分化的最根本原因。发达国家的全球技术垄断战略如专利制度，犹如发达国家的粮食和发展中国家的毒药，目前发达国家已经做到并且现在和将来要做的是：自己已经爬上楼梯后而把梯子拿掉，不让发展中国家上楼，通过维系和巩固这种“双边格局”，来达到长期维持南北国际分工格局和资本技术知识密集型产品与劳动资源密集型产品不等价交换的现状。因此，广大发展中国家目前要做的，不仅仅是加大技术创新力度，多创造出有自主知识产权的技术成果，更主要的是在全球争取公正、合理的技术与市场的“游戏规则”。对于技术与市场的关系，学术界目前还很少有人从其产权和“游戏规则”的角度进行深入研究。我们认为，一方面，虽然技术是其研发者预测市场需求的产物，且技术又可以创造市场，但技术的研发、垄断及其利用应该有“游戏规则”。另一方面，市场存在产权界定与制度安排问题。市场在孕育技术、拓展技术利用市场空间及利基的同时，对技术的垄断性也不能无限度的放大。因此，在这里有一个“技术产权”与“市场产权”、“技术游戏规则”与“市场游戏规则”的关系处理问题，实际上是要正确地处理好“市场安全”与“技术安全”的关系。“技术与市场”之间的制度重新安排及规则的全球协调，不仅是经济学与管理学必须研究的一个重要课题，而且其重要性已提到全球议事日程。

三、维护国家经济安全的对策建议

（一）软规则：重视市场产权制度建设

过去我们对企业的有形与无形产权即微观产权研究较多，但在产权问题日益泛化的条件下，没有进一步拓宽对产权理论与实践问题研究的视野，忽视了对微观产权赖以存在的基础和实现条件即宏观产权、“大产权”或“基础产权”——“市场产权”问题的研究。由于构建市场需要投入大量有形成本（如基础设施等），培育公平且具有竞争性的市场结构（体系），需要投入大量的制度成本，运作及管理市场需要投入大量的人力资本……所以市场存在产权属性，且产权主体归属于中央政府。市场产权包括四个方面：市场所有权、市场经营权（使用权）、市场占有权（市场控制权）及市场收益权等。市场产权是一种稀缺物品，具有资本属性和排他性，且市场所有权收益具有可计量性和市场经营权具有可交换性等特点。所以市场存在产权制度与产权安排问题。实际上，没有市场，企业的有形产权难以营运，企业的无形产权难以评估与测量；没有市场产权本身的理性制度安排，不仅会导致微观产权模糊不清，价值难以评估或微观产权要素在运行中难以合理增值等问题，而且还难以解决企业的市场进入、运行及退出等问题，难以形成公平有效的竞争性市场结构，必然导致市场运行处于无序状态，引致市场安全问题和利益分配的极度扭曲。因此，重视市场产权制度的研究与建设对维护与保证国家经济安全意义重大。

在市场经济条件下，世界国民财富实际上是市场所有权在经济上的实现，在经济全球化过程中，各国市场的让度与合作分享必然导致市场所有权收益不断重新调整。当今世界，无论是穷国还是富国，都应该按照市场所有权具有国家排他性和市场经营权具有可交换性原则，来处理国家与国家或地区之间的经贸与投资往来，国际经济组织和发达国家应该按照市场所有权原则来重新制定和调整国际贸易与投资准则，为发达国家和发展中国家能在全球市场展开公平竞争提供市场产权规则。它是指世界各国必须相互认可、尊重、维护并确保市场主权安全和市场分享有度的一种产权制度安排。按照这一原则调整经济全球化游戏规则，意味着发达国家大型跨国公司在进入新兴市场，特别是在进入发展中大国市场时，不仅要考虑一般的市场进入约束，而且必须考虑市场所有权约束。市场所有权约束决定了西方跨国公司不能既从广大发展中国家获得大量市场经营权，甚至市场控制权或市场垄断权，又不向这些国家转让其先进技术，实施技术与市场的双重垄断，从而扼制发展中国家经济技术成长与赶超的“市场路径选择”。如果说根据市场所有权原则所保留的“自主市场空间”是发展中国家发展民族产业的“根据地”，那么据此原则所调整的“让渡市场空间”则是发展中国家获取发达国家资金、技术等要素，从而提升发展手段的博弈筹码。因此，市场所有权原则应成为经济全球化的重要原则与制度安排，如由发达国家主导制定的专利技术制度（特别是保护期限），应该在考虑研发成本与收益等的基础上，进行重新修订与调整。

（二）硬规则与微观基础：国家竞争实力的提升与企业自主创新能力的提高

中国作为一个经济强国，其制造业在世界排名第 4 位，仅次于美国、德国和日本，2006 年世界 500 强企业排名，中国入围的企业已有 22 家。中国的综合国力和产业竞争力经过改革开放 20 年来的发展已经有了明显的提高。这样强大的整体经济实力而却只有这样少的企业走向世界，去分享世界市场，显而易见，中国跨国公司的发展是滞后的，中国要大力实施“走出去”战略。中国企业“走出去”，除了在数量上要上规模以外，还要在技术利用竞争力上下功夫。技术是制约一个国家经济增长和提升竞争力的关键因素。大量理论与实践活动表明，高新技术及其产品是国际投资与对外贸易的前提与依托，国际投资与贸易的竞争实际上是技术的较量，实施基于高新技术的“引进来”与“走出去”战略，是提高中国经济外向度的出发点与核心，因此，中国企业实施全球技术利用竞争战略，并在此过程中不断提高其全球技术创新竞争力是中国经济未来发展的必然路径选择，中国如果不能在技术上缩短与发达国家的差距，中国的综合国力和国际竞争力就很难得到迅速提高，我国的国家经济安全就很难从根本上得到保障。

技术创新能力是企业发展技术能力的核心，企业要想超过或战胜技术领先者，必须提高技术创新能力。技术创新能力有多种分类，发达经济体跨国公司全球技术竞争从战略上讲，包括全球技术研发竞争战略、全球技术垄断竞争战略和全球技术利用竞争战略三个组成部分，从技术创新竞争能力上讲，它包括技术研发竞争力、技术垄断竞争力和技术利用竞争力。技术创新竞争力是这三种能力的统一与有机融合而形成的合力。事实上，西方发达国家许多跨国公司不仅具有很强大全球技术研发竞争力和全球技术垄断竞争力，而且还具有很强大的全球技术利用竞争力，只有同时具有这三个方面很强大的竞争力的跨国公司才能在市场竞争中永远立于不败之地，许多有上百年历史的跨国公司正是靠其这三个方面强大的竞争优势，才使其长盛不衰，永葆青春。

在当前全球科技竞争日益激烈的条件下，科技创新竞争力已经成为一个国家竞争成败的决定性因素，美国经济学家在20世纪末就提出了“Winner-take-all”的理论，即一个企业（产业、国家）在高科技领域领先一步，就可以占领绝大多数市场份额，其他竞争者将很难生存。如英特尔的微处理器和微软的系统软件占全世界同类产品90%的市场份额，后来者几乎连参与竞争的机会都没有。在世界产业体系中，少数发达经济体利用科技竞争能力优势，向“外围”国家（不发达经济体）转移低端技术及低技术含量产业，并通过资本力量、金融手段、舆论引导甚至军事手段等来固化这种不公平的两极格局，其结果是“强者恒强，弱者愈弱”。东南亚金融危机、拉美经济危机等的相继爆发，从表面上看是个经济体制与管理规制问题，但从更深层次上看是对发达经济体的技术依赖、市场依赖和资本依赖的结果，核心问题是这些不发达经济体的国家科技创新能力不足。[①]总之，在目前全球科学技术知识研发、生产、垄断、传播及利用的国际分工体系中，不发达经济体基本处于依附地位，实质上面临着极其严峻的经济安全、产业安全及技术安全问题。

近百年世界产业发展史表明，真正起巨大推动作用的技术几乎均来自拥有强大自主技术创新竞争力的领军企业，如通讯领域中的贝尔实验室、汽车领域中的福特公司、航空领域中的波音和空客、化工领域的杜邦和拜耳、机床领域中的西门子、计算机领域中的IBM、英特尔、微软等。[②] 只有处于科技竞争前沿的千千

---

① 赵细康、温宪元等：《自主创新探源——中国研究与开发的实证分析》，华南理工大学出版社2006年版，第9页。

② 白华冰：《企业是自主创新的主体》，红旗大参考编写组《加强自主创新建设创新型国家大参考》，红旗出版社2006年版，第48页。

万万的企业技术创新能力得到提升，并依托技术能力把企业做强做大，国家整体科技创新能力就可以得到增强。因此，中国的国家经济安全从微观基础上讲，最根本的就是要提高中国企业的全球技术创新竞争力，包括技术研发竞争力、技术垄断竞争力和技术利用竞争力，唯有提高企业的自主创新能力，并实现技术创新力与市场控制力的统一，才能确保中国的市场安全与技术安全，即国家经济安全。

参考文献

[1] 赵英：《中国经济面临的危险——国家经济安全论》，云南人民出版社 1994 年版。

[2] 曾繁华：《论市场所有权》，《中国工业经济》2002 年第 5 期。

[3] 曾繁华、彭光映：《跨国公司全球技术垄断性利用及其启示——兼论“技术创新竞争力”新内涵》，《湖北经济学院学报》2007 年第 2 期。

[4] 曾繁华：《市场所有权的起源与归属》，《财政研究》2002 年第 11 期。

[5] 曾繁华：《应重视对市场产权的研究》，《财政监督》2003 年第 8 期。

[6] 陈风英等：《国家经济安全》，时事出版社 2005 年版。

[7] 马杰：《经济全球化与国家经济安全》，经济科学出版社 2000 年版。

[8] 唐任伍：《“扶强抑弱”的全球化规则研究》，北京师范大学出版社 2006 年版。

（与曹诗雄合作，原载《财贸经济》2007 年第 11 期）

科技创新供给侧结构性改革

——基于有效供给假说视野

一、科技创新的供给侧亟待改革

2017 年中国成功跻身全球创新领导者行列，创新能力在国际上排名从 2016 年第 25 位上升至 22 位①，创新驱动战略实施效果显著，形成跟跑、并跑与领跑并行局面。但从目前以科技创新为核心创新能力来看，我国在很多方面仍处于跟跑与并跑位置，科技自主创新能力较弱，科技创新投入增加并未带动供给质量和全要素生产率同步提高，科技创新在供给侧方面存在诸多问题。

（一）科技创新供给侧存在主要问题

1. 以原始创新为核心的科技自主创新供给能力较弱——核心技术缺失。当前，我国仍有很多关键技术、核心技术完全受制于人，产业转型升级与经济高质量发展的科技创新动力供给明显不足。自 20 世纪 80 年代中后期中国开始实施"以市场换技术"策略很长一段时间，政府都渴望能通过出让市场换回先进技术，以期追赶上西方发达国家制造业发展水平。但改革开放 40 年来，核心技术缺失依然是掣肘中国追赶西方发达国家工业发展水平关键。中兴危机来得突然也是必然，核心技术完全受制于人——供应链的"命门"拽在别人手里，终日如履薄冰，是当前我国很多企业真实写照。当前，我国经济增长"陷入困境"，源头也在于原始创新能力太弱，产业多是低端复制性供给，从而致使科技创新有效供给能力成为制约引领经济实现高质量发展瓶颈。仅靠模仿不可能实现核心技术本土化，我们必须抓住新一轮科技革命机遇，乘势而上，建立起具有自主知识产权核

① 数据来源：世界知识产权组织、康奈尔大学和英士国际商学院联合发布《2017 年全球创新指数报告》。

心技术的现代产业体系，掌握竞争和发展主动权，才能解开套在产业链“脖子”上的致命绳索。

2. 科技创新有效供给能力不足——科技经济“两张皮”。近年来，我国科学技术与创新整体发展成效显著，但科学技术与市场经济发展相脱节——科技经济“两张皮”问题突出，科技创新成果产业化与市场化供给能力还存在重大缺陷。2017 年我国全年研究与试验发展（R&D）经费总支出共 17500 亿元，比上年增长 11.6%，研发经费投入总量仅次于美国，居世界第二位，研发经费投入强度为 2.12%。① 此外，据 SCI 数据库最新检索至少包含一位中国作者论文结果显示，2017 年我国科研人员发表 SCI 论文总数已累计 33 万余篇，位居世界第二；据国家知识产权局发布 2017 年统计数据显示，2017 年我国发明专利申请量为 138.2 万件，同比增长 14.2%，专利申请量和授权量居世界第一。② 近年来，国家不断加大对科学技术研发投入，高校和科研院所科技创新成果虽有不少，但市场化和产业化效率低下，就科技成果对经济增长贡献率而言，我国与美国相差甚远，尚未走出“科技产业化低效率泥潭”。

3. 科技创新供给体制机制尚不健全——官产学研金等创新链各环节衔接不够紧密。目前我国尚未形成管理科学、规划统一的科技创新供给管理体系。在将科技纳入生产过程，最大限度激发科技创新潜能，并最终形成供给社会经济发展的科技产出能力过程中还存在诸多深层次体制机制障碍。（1）科技体制改革与经济社会领域改革深度融合、同步发力作用机制仍不健全，市场优化科技资源配置效率作用、企业作为创新主体作用等尚未得到充分发挥；（2）科技创新有效供给能力实施机制、保障网络亦漏洞百出：科研基础设施共享机制、信息技术平台支撑机制、科研创新竞争与激励机制、知识产权保护机制、官产学研金协同合作创新机制等均不同程度存在缺陷。所有这些体制机制藩篱不仅不利于激发全社会创新活力和创造潜能，而且还抑制了科学、技术、劳动力、资本等经济增长财富源泉要素作用充分发挥，从而对科技创新有效供给能力效率和效益形成了各种不同形式供给抑制。

（二）科技创新供给侧存在问题原因剖析

造成我国科技自主创新能力弱、经济科技“两张皮”等问题原因是多方面的。这其中既有历史原因，也有政策导向问题；既受制于现有客观条件，也有认知理念上误区，但最主要原因在科技创新文化氛围缺失和科技评价体系扭曲，使“以企业为主体、市场为导向、政府搭平台、产学研相结合技术创新”流于形式，

① 数据来源：国家统计局发布《中华人民共和国 2017 年国民经济和社会发展统计公报》。

② 数据来源：所有数据均来自 Web of Science 核心合集数据库，并且计入文献类型为 Article 和 Review 的论文数。其中，部分数据可见于 LetPub 最新发布《2017 年中国高校发表 SCI 论文综合排名报告》。

尚未形成具备无限创造潜能的科技创新供给体系。

1. 科技创新缺乏良好市场环境与社会环境。一方面，当前我国社会主义市场经济体制仍不完善，尚未建立有效推动科技创新公平竞争、诚信合作市场环境。科技创新各个阶段和环节存在不同程度市场失灵问题，市场竞争不充分、国企改革有待深入、有关科技创新公共产品供给不足等都不利于企业进行自主创新。另一方面，高校和科研院所难以协调科研与教学目标冲突，多注重评职称、拿项目封闭式科研，缺乏创新精神，亦无动力培育创新人才。企业难以协调稳定收益与风险报酬目标冲突，逐渐形成模仿、学习与引进吸收路径依赖，自主创新动力不足。政府部门难以协调个人利益与集体利益，短期利益与长远利益目标冲突，行政干预色彩过于浓烈，创新治理能力薄弱。整个社会缺乏鼓励创新、激励探索、宽容失败的创新文化氛围，都在追求短期经济效益，良性循环的科技创新环境尚未形成。

2. 科技创新体制机制约束。(1) 政府宏观科技决策机制和组织结构不合理，条块分割、多头管理、统筹协调能力差，有限的科技资源重复配置浪费严重。政府对科技创新资源配置，如对科技创新项目、科研经费监管等干预过多、管理过细，市场未能充分发挥其在资源配置中决定性作用，抑制了科技创新活力和科技资源配置效率，导致科技成果产业化效率不高。(2) 科技政策搭配不合理，协调性不够，未落实到位。包括财税政策、金融政策、产业政策、人才政策等之间协调和衔接不够，或未落实到位，使科技创新市场秩序失范，严重制约着创新主体积极性。如知识产权保护政策不完善等。(3) 科技评价体系扭曲，科技成果转化动力机制缺失，且未能充分发挥其引导和激励科技创新根本性作用。科技评价体系存在政府不当介入、评价标准简单量化、科技评价与利益挂钩、评价主体单一、对所有不同类型科技成果均采取“一刀切”量化模式评价，严重抑制了科技人员自主创新积极性与创造性。

3. 企业创新主体地位没有真正确立，产学研分离依然突出。近年来，国家高度重视建立“以企业为主体、市场为导向、政府搭平台，产学研用相结合”技术创新体系。但在现行科技创新行政管理体制下运行的技术创新体系，仍停留在喊口号、形式主义初级阶段。(1) 企业创新主体地位没有真正确立。强调以企业为主体焦点更多聚集在企业科技创新投入上，企业并未真正参与到科技创新从决策到成果转化应用每一环节当中。在“被参与”“被结合”情况下，企业无法结合自身产业发展需要，主导整个技术创新活动，科技创新成果难以转换为现实生产力，企业科技创新动力自然不足。此外，以企业为主体更多强调的是以国有企业和大企业为主体，忽视了民营企业和众多中小企业科技创新重要主体地位，科技创新资源尚未实现最优配置。(2) 产学研分立依然突出。产学研分立、原始基础创新研究水平不高是制约科技成果转化效率提升最核心、最本质因素；企业、高校和科研院所三者未实现良好互动、融合程度低[1]是制约科技创新供给能力的顽疾。从创新主体看，产学研三方对彼此定位和分工认识不清，职能错位时常发生，协调合作能力差。从外部条件看，服务于产学研融合科技中介服务机构、利益保障机制、信息共享机制、重大科研基础设施共享机制均不够健全，整个科技管理体制存在科技体系分立于实体经济系统之弊端。

二、科技创新供给侧结构性改革的基本框架

（一）内涵界定与主要内容

产品供给与产业结构要实现高端化、智能化，必须要秉持发展新理念、开创发展新思路、创新发展新路径，实现新供给创造新需求，新科技引领新未来。深入推进科技创新供给侧结构性改革，根本要靠提升科技创新有效供给能力。

1. 科技创新有效供给能力内涵。

（1）科技创新供给能力。科技创新供给能力是科技创新能力核心部分。从投入产出角度看，科技创新供给能力是指供给方能够在一定科研投入基础上，生产出一定数量科技创新成果的能力。此处科技创新成果产出即为科技创新供给，本质上也就是科技创新产出能力。（2）科技创新有效供给能力。运用马克思在《资本论》中提出的商品具有使用价值和价值二重性原理，供给市场的科技创新成果具有满足人类需要的使用价值属性和凝结一般人类劳动时间的价值属性。[2]621-629供给市场的科技创新成果只有当被投入使用，并产生社会经济效益，即实现其使用价值后才能被称为有效供给。因此，科技创新要实现有效供给必须要能够将科技创新成果物化，即转化为能够产生经济效益或社会效益的现实生产力。(3）科技创新有效供给。科技创新有效供给，一方面是相对社会经济发展对科技创新需求而言，要达到充足、有效（率）、有活力，充当社会经济发展引擎角色，从而解决社会需求侧的巨大“拉力”问题；另一方面是相对目前科技创新供给存在不充足、无效（率）、制度藩篱等约束，要解决科技创新供给侧宏大“动力”培植问题，从而实现科技创新的有效供给；[3]再次，“拉力”与“动力”间融合发展，要解决的是对经济增长与社会发展贡献率问题，科技创新对社会经济发展贡献率上升，则表明实现了科技创新有效供给。(4）科技创新供给侧。科技创新“供给侧”是相对于科技创新“需求侧”（即国民经济社会经济发展对其需求）而言的，主要是指科技创新成果供给数量多少、质量与水平高低、结构是否合理、能力强弱、动力是否充足等方面是否满足需求侧要求，从而达到供需动态均衡。科技创新供给侧“结构”主要是指科技成果总量的分类构成、质量层次

水平、创新能力在区域、产业、企业及其在“管产学研用金”间分布等，体现在成果结构、质量结构、能力结构及动力结构等方面。（5）科技创新供给侧结构性改革。“科技创新供给侧结构性改革”主要是指通过改革科技创新供给侧的制度体制与机制，解决科技创新供给侧存在的问题与解除约束，从而实现科技创新供给侧高质量发展与提升科技创新有效供给能力目的。

2. 科技创新有效供给能力主要内容。

（1）政府科技资源配置能力。科技资源泛指所有支撑科技活动的资源，是开展一切科技创新活动的物质基础。科技资源包括有关科技创新人力资源、财力资源、物力资源、信息资源等基本类型资源，也包括科技成果[4]或科技市场、科技制度、科技文化[5]等。科技资源配置能力是指由资源配置方式取得的配置水平与效率。科技资源合理配置通常是衡量一个地区或国家科技水平、综合实力、发展潜力的重要标志，并且国家科技创新能力的高低在很大程度上取决于政府引导，同时市场机制也优化科技资源配置效率。

（2）原创性知识产出能力。知识产出能力与创造能力源于原创性、基础性研究，这也是自主创新的基础，是知识经济时代国家创新水平和创新活跃度的集中体现，决定着科技创新活力与动力，是国家实现创新改革开启高质量经济发展之关键。[6]原创性知识产出能力是指创新主体通过科技创新战略配置科技资源，开发具有原创性知识成果的数量多少与质量高低等方面能力。原创性知识产出能力是科技创新供给能力的核心组成部分，能促使科技创新供给能力实现质的突破和系统性提升，是助力科技创新供给侧结构性改革最强劲动力。

（3）科技成果引进吸收再创新能力。科技成果引进吸收再创新能力是形成科技创新有效供给能力重要基础之一，它通常是指直接引进、利用境外成熟的科学知识与技术能力，但更重要是指对引进科技成果进行消化吸收、再创新并转化成为现实生产力的能力。科技引进吸收能力是强化自主创新能力重要基础，是形成后发追赶优势，实现跨越式发展重要途径。

（4）创新环境培育能力。创新环境是整个科技创新供给体系的一个重要组成部分，它包括各种影响进行科技创新外部环境因素，例如产业竞争环境、人文环境、科研环境等，这些环境要素直接影响和制约着各种人才、知识、信息、资本等创新资源整合效率。创新环境培育能力是指政府对影响创新资源配置效率的诸因素进行营造与培植，使创新环境因素达到使创新产出不断涌现的创新环境状况和水平。产业链、价值链、资金链、人才链、政策链等环环相扣、衔接贯通共同营造着良好创新生态环境，是提高科技创新成果供给量的根本保障。

（5）科技创新成果产业化能力。科技创新成果能够产业化与市场化，并最终实现其商业价值，是推动新供给产生并实现产业扩张关键。科学技术成果向实际应用转化效率，直接决定着科技创新成果转化为生产力的效率，从而对科技有效供给能力形成促进或制约作用。科技创新成果产业化能力是指创新主体现有科技成果向市场转化，从而形成新产品、新工艺、新材料、新产业的能力与水平。[7]10-15它直接影响着整个科技创新体系中科技有效供给能力大小，并最终影响着科技创新成果对整个经济社会发展贡献作用大小。

（6）创新人才培育供给能力。在生产力范畴中，劳动者是生产力主体，是生产力三要素中唯一具有能动性的要素，处于首要地位。人是创新活动主体，人才资源就是开展创新活动第一动力，也是整个创新过程——知识创新、科技创新、产品创新最为活跃、最为积极的要素。创新人才培养可以极大提高科技有效供给能力。[8]创新人才培养供给能力是指国家创新体系中，各类型、各层次创新人才的教育、培养、训练、成长、吸引、凝聚与利用的水平与能力。科技创新供给侧结构性改革必须要有一批结构合理、素质优良的创新型科技人才队伍作支撑。中国要实现在2050年成为创新型科技强国目标，就必须构建一个开放、平等、包容的国家创新平台，发现、培育、凝聚一大批拥有世界最前沿科技知识，最富有探索与挑战精神的科学家、企业家。[9]151-165

（7）科技创新体制机制供给能力。完善的科技创新体制机制是推进科技创新驱动高质量发展的制度保障。科技创新与体制机制创新二者相辅相成，构成驱动创新前进的“双轮”，只有让科技创新与体制机制创新“两个轮子一起转”，才能最终形成推动创新发展合力。科技创新体制机制供给能力是指各级政府为实现科技资源优化配置与高质量科技成果不断涌现等目的，而提供的创新体制与激励机制和政策等的集成能力与水平。创新主体、创新能力也只有与创新体制机制有效整合，才能激发全部创新活力与创新潜能，最终实现科技创新供给整体效率提升。总之，科技创新供给能力各主要内容构成一个复杂的有机整体，各部分之间相互联系、相互影响。

（二）科技创新供给侧结构性改革基本框架

习近平总书记在2015年12月中央经济工作会议上，提出实体经济领域供给侧结构性改革“三去一降一补”基本框架。该框架在新经济时代对科技创新供给侧结构性改革具有非常重要现实意义，本文提出科技创新供给侧结构性改革总体思路为：“转观念、改体制、重激励、去约束、补短板。”此改革思路是在总结前期传统领域供给侧结构性改革经验基础上，综合考虑科技创新供给侧存在问题及科技创新供给侧结构性改革异质性，是针对科技创新供给侧，而不是针对其需求侧而言的。[10]科技创新供给侧结构性改革是一场全方位、系统性创新实践，其核心是通过科技创新有效供给能力提升，实现科技创新供给侧高质量发展。

1. 转观念：彻底转变三大观念。新经济既是知识经济、数字化经济、创新型经济也是全球化经济。在全球新一轮科技革命和产业变革之际，为赢得竞争和发展主动权，必须对科学、技术及创新驱动发展战略有更深层次理解与把握，彻底转变三大观念。(1) 文化价值观转变：从创新为己科技价值观转向创新为民科技价值观。针对当前提升科技创新有效供给能力迫切需要，我们必须要转变过去创新为己的利己主义、拜金主义科技价值观，培育倡导集体主义、爱国主义、奉献精神、责任担当、创新为民科技价值观。[11]97-108 (2) 经济发展观念：从追求高速增长转向追求高质量发展。新时代我们必须要转变过去仅依靠要素粗放投入驱动经济实现高速增长观念，追求依靠科技创新驱动经济高质量发展，要摒弃单纯以经济总量扩张为衡量标准的政绩考核观，更多地以人的发展为最终目标。(3) 科技成果观念：从追求数量转向追求质量。

2. 改体制：深化科技管理体制改革。科技体制合理与否直接影响科技创新供给能力高低。建立与我国社会主义市场经济发展相适应的科技管理体制是实现科技创新供给侧结构性改革及高质量发展的制度保障。基于当前我国科技创新供给侧存在问题，我国科技管理体制改革必须解决如下问题：(1) 改革起点：明确政府职能定位。在科技管理体制中，政府职能错位、越位或缺位，都将阻碍改革目标实现。政府应充当好科技创新研究方向引领者、科技创新相关配套制度建设者、创新文化倡导者、重大科研基础设施投资者、科技政策制定者，而不是具体科技创新活动从事者。(2) 改革中心环节：建立以企业为主体科技创新体系。首先，必须要明确企业作为科技创新主体地位，要建立以企业技术需求为主导的科技项目甄选体制。其次，要理顺官产学研三者之间关系。对学研来说，应该致力于前沿性、前瞻性、引领性基础研究，不要总想着去创办企业。术业有专攻，专业的事情只有由专业人来干才能高效高质。对企业来说，一方面要适应环境变化开展开放式创新，不以“自主”创新活动为手段，而以市场为导向，以获得自主技术为目标，更多地整合外部资源为我自用。另一方面，企业规模不同、性质不同、价值链所处地位不同，创新责任、方式和理念也不同，领军企业、大型企业、国有企业应该担负起基础创新的历史责任，并通过技术溢出对其他企业科技创新形成辐射效应。[12]对政府来说，政府职责应该是提供政策导向、优化创新环境、培育三方机构，而不是介入具体成果转化活动。当前应注意两项工作，一是要培育源头活水，通过大科学平台、大科学装置和国家研究中心建设，夯实基础研究力量；二是面向产业、行业共性关键技术，要建立成果熟化平台，解决学研不善或不屑应用转化、企业转化中面临的巨大风险问题，打通成果转化“最后一公里”，促进共性技术大规模扩散。[13]4-85 (3) 改革目标：科技与经济融合。实现科技与经济融合，把科技成果产业化、市场化作为深化科技管理体制改革目标，是从根本上解决经济科技“两张皮”问题，也是衡量科技管理体制改革成功与否的唯一标准。对强化科技投入、推动产学研协同创新、培养创新人才等这些都只是达到目标的路径，都不能作为科技管理体制改革的目标，而只能是服务于科技与经济融合的需要。

3. 重激励：重视科技创新激励机制建设。建立健全科技创新激励机制对提高科技资源配置效率、提升科技创新有效供给能力具有十分重要的作用。因此，必须要突破体制机制障碍，从营造鼓励科技创新社会环境、健全科技创新评价体系、培育科技创新文化[14]80－87等多个层面着手，完善科技人才收入保障机制、创新激励机制、成果转化动力机制，不断形成激励科技创新正确导向，从各个方面激发科技创新人员积极性、主动性与创造性。

4. 去约束：去除科技创新有效供给约束。去除科技创新有效供给约束是指解除各种抑制科技创新有效供给能力或水平的影响因素。主要包括以下三大类：(1) 放松科技创新行政性供给约束。放松政府对科技创新项目、经费、科技资源等行政管制和行政垄断，放松对企业开展科技创新活动征取较高税额约束，[15]165－168降低企业融资成本，从而提升科技创新有效供给能力。(2) 解除科技创新投入供给抑制。解除各种支持开展科技研究和创新活动的生产性要素投入约束，充分释放供给潜力。例如，解除劳动力、资本、技术在供给量、供给成本和供给效率方面抑制，提升科技资源利用效率，进而提高科技创新有效供给能力。(3) 解除科技创新体制机制供给抑制。深化科技体制机制改革，破除体制机制供给抑制，[16]96－108优化科技资源配置效率，从而提高科技创新有效供给能力。

5. 补短板：补齐科技创新短板。在经济发展新常态下，要实现科技创新引领其供给侧结构性改革，关键是要查补科技创新短板。当前要着重补齐如下短板：(1) 补齐核心技术缺失短板。基础科学研究投入低、原始创新能力差是所有技术问题的源头，直接决定着科技创新供给能力高低。只有加快推进基础科学研究深度与广度，激活创新活力，补齐核心技术缺失短板，才能掌握产业供应链主导权。(2) 补齐科技创新动力不足短板。创新动力不仅包括利益机制，还包括文化传承、社会价值、责任担当等构成动力结构的体系。补齐科技创新动力不足短板，全面激发高校和科研院所、企业科研人员进行原创性科学研究和技术创新的积极性、主动性和创造性，加快形成大众创业、万众创新生动局面。(3) 补齐科技成果转化效率低短板。解决经济科技“两张皮”问题，提升科技成果和创新成果产业化和市场化效率，是提升科技创新有效供给能力关键。在经济发展新时代，要满足多元化、个性化市场需求，就必须要补齐科技成果转化效率低短板，形成科技创新催生新供给并实现供给扩张良性循环。

三、科技创新供给侧结构性改革路径选择

综合前期传统领域供给侧结构性改革基本经验，并立足于当前我国科技创

新供给侧现状与存在问题，我国科技创新供给侧结构性改革具体路径选择，必须在“总体思路”基本框架指导下，沿着如下四条线路综合推进。此外，路径选择必须要以提升科技创新有效供给能力及实现科技创新供给侧高质量发展为目标。

（一）路径1：提升增量

提升增量是指要继续大力增加高科技成果的数量。近年来我国各类科技成果出现“井喷”式增长，科研成果数量直逼美国。但相较庞大人口数量与经济发展现状而言，我国科技成果在总量上储备仍不足，科技成果产出能力仍满足不了科技创新引领我国经济高质量发展总量需求。为力争到2050年建成世界科技创新强国战略目标，实现中华民族伟大复兴中国梦，在未来很长一段时间，我国仍需集中力量提升科技成果产出数量。

提升科技创新供给增量应该：（1）加大科技创新资源投入力度，尤其是将资源配置更多倾斜于当前科技创新的短板及优化结构上。近年来，国家对科技创新投入不断增长，但当下科技创新投入总量与强度仍远不足以支撑引领经济发展需要。在认清发展形势基础上，应深刻把握加大科技创新资源投入力度的重大意义，引导全方位、多渠道补充投资，最大限度地动员全社会的科技创新资源投入科技创新供给生产系统构建，为提升增量，建设科技强国提供强有力的保障。（2）注重科技创新人才培养。新经济时代，综合国力竞争本质上是创新人才竞争，培养和吸引科技创新人才已成为世界各国赢得竞争和发展主动权的战略选择。科技创新人才在科技创新供给生产系统构建中处于不可替代的核心位置，应从战略高度确保科技创新人才培养与发展，稳步扩大科技创新人才队伍、优化科技创新人才结构、改革科技创新人才培养、评价与激励机制。（3）“官产学研金介”协同创新。“从创新主体的角度来看，创新生态系统由许多参与创新的主体组成，包括企业、大学、研究机构、中介机制和政府部门，这些主体之间存在着内在的联系与互动。”[17]每一个参与方在整个科技创新生态链中都扮演着不同角色，彼此之间相互联系、互为支撑。“官产学研金介”各方协同创新，助力知识链、技术链、资金链、产业链环环相扣，形成知识物化为生产力的良性循环。应充分协调各创新主体创新活动，构建以企业为主体、政府为导向、高等院校和科研机构为输出、金融机构与中介机构为支撑的“官产学研金介”协同创新体系，形成科技创新有效供给能力最大合力。

（二）路径2：激活存量

激活存量是指要激活被“束之高阁”的科技成果活力，使之服务于社会经济发展主战场。根据 Let－Pub 最新发布数据，① 2017 年我国科研 SCI 论文数量增速惊人，科研成果数量多、规模大，存量丰富。这其中有一部分是已经过时的科技成果，业已被市场淘汰；但还有很大一部分完全可以市场化且可产生巨大效益的科技成果，因现存科技创新环境、激励机制设置、科技体制不完善等多种因素约束而被“束之高阁”。因此，甄别具有使用价值科技成果，对应用性科研成果进行价值评估和价格测算，协调不同学科、不同创新主体解决科研成果产业化中的难题，充分调动各方积极性，激活已有科技成果存量市场化潜力，是深化科技创新供给侧结构性改革、提高科技创新有效供给能力重要路径目标。

激活科技成果活力关键要：(1) 明确产权收益。对不涉及国家机密、国家安全，不需要审批或备案的科技成果，政府应放权高校、科研院所，允许其可自主转让、许可或者作价投资。科技成果转化在不变更产权前提下，应明确相应收益分配，从而驱动科技成果转化。(2) 政策激励机制保障。对从事科技成果转化科技人员给予资助经费，并资助其免费参加相关培训研修；对科技成果转化所得现金奖励给予税收减免政策优惠，鼓励更多的科技成果产业化，让更多“沉睡”科技成果更广泛转化为实际生产力。(3) 加强科技成果转化能力建设。鼓励高校、科研院所在不增加编制前提下建立负责科技成果市场化工作的专业化机构或者委托独立的科技成果市场化服务机构开展科技成果转移转化，通过培训、市场聘任等多种方式建立科技成果转移转化职业经理人队伍。

（三）路径 3：优化结构

优化结构是指优化科技创新供给（能力）结构。就当前我国科技创新供给结构而言：(1) 我国部分科技创新成果的引进及产业化应用能力相对较强，但基础研究、原始创新性研究、核心技术及关键设备开发等方面创新供给能力较弱。(2) 从产业创新价值链角度看，处于低端产品技术应用开发能力较强，而处于高端产品技术研究与开发能力较弱。(3) 从“官产学研金”所涉及科技体制机制结构来看，也同样存在应用研究与基础研究强弱不当问题。优化结构，就是通过科技供给侧结构性改革补强弱项，构建起结构优良的科技创新供给（能力）结构体系。从各子项的衔接度来看，中国创新生态系统离完善的创新生态系统仍存在一定的差距，存在创新“生态区”协调性不强等问题。目前，中国的创新驱动主体仍然是政府，而企业和研究机构创新“生态位”仍然偏弱，这将一定程度上抑制各创新主体的创新能力，进而导致创新生态系统的自组织生长能力不强。[18]

优化科技创新供给结构应该：(1) 建立有效知识产权制度保护创新。建立健

---

① 2001 年中国全年才有 1 篇 CNS 高质量科研论文，到了 2017 年，据 SCI 数据库检索至少包含一位中国作者的论文结果显示，至 2016 年中国科研人员发表 SCI 论文的总数已累计 33 万余篇，位居世界第二。其中，各高校在 JCR 一区期刊上发表的论文总数超过 43000 篇。

全包括所有权、收益权、使用权和交易权在内知识产权保护制度，让法律覆盖整个科技创新从研发至产出全过程，为科技创新主体营造良好创新环境。(2) 强化科技资源开放共享机制。网络、通信、数据库、高端设备仪器等重大科研基础设施为科技创新提供基础条件，但重大原始创新性研究、高精尖技术研究所需科技资源通常都具有高投入成本特性，因此容易对科技创新形成供给约束。为解除设备高投入成本供给抑制，国家应建立完备的重大科研基础设施、研究实验基地、数据库等资源开放共享、网络协同机制等并依法向社会公开开放，巩固加强基础研究和重点共性技术研究，为技术突破提供支撑。(3) 进一步完善并落实科技创新政策保障机制。具体包括教育政策、财政支出政策、税收减免政策、金融政策等吸引和激励科技人员创新创业政策。例如，在科技创新项目同生产力对接方面，应有国家的宏观产业政策为导向；在科技创新成果与产业对接方面，应以激励产学研协同合作的政策机制、完善的技术转移机制为保障；在科技创新研发人员的劳动与收益对接方面，应有不断完善的科研奖励评价标准为保障。

（四）路径 4：提高质量

提高质量是指提高科技创新产出成果供给质量。我国每年产出的科技创新成果众多，但真正称得上高质量成果甚少。据美国国家科学基金会（NSF）日前发布报告显示，[①] 中国出版物数量已问鼎全球冠军，但科研质量登顶相对滞后。数据显示，美国在专利、知识产权收入和创新技术的风险投资等方面继续领跑全球。目前，高质量科技创新成果应该包括：(1) 对人类科技文明、经济生产文明等有重大推动作用的原创性成果及思想；(2) 具有重大产业化应用前景的科技成果；(3) 产业创新价值链高端核心关键技术开发成果及制约产业价值链瓶颈或“卡脖子”的科技成果等。提高科技创新供给质量就应该在这些方面努力，科技创新资源配置应该向这些环节倾斜。

提高科技创新产出成果供给质量具体应建立和完善：(1) 大数据与信息技术支撑机制。充分利用现代信息技术构建包含科技资源开放共享平台、科技数据共享平台、科技文献共享平台、科技成果互动转化平台相统一的大数据平台。通过数据的不断扩展和信息技术不断进步，这些各具特色的数据池，会综合从科技资源配置效率改善、科技创新环境优化、科技创新主体参与积极性提高、科技供给与科技需求有效互动、科技研究方向的调整等多方面，对科技创新有效供给能力形成全方位、多层次支撑，有效提升科技创新供给质量。(2) 协同合作机制。新经济时代，确保整个科技创新有效供给系统内外部形成有序、高效协同合作机

① 2016 年中国发表了超过 42.6 万份研究，占爱思唯尔 Scopus 数据库（全球最大文献摘要与科研信息引用数据库）总量的 18.6%，超过美国 40.9 万份；但在论文应用方面，美国排名第三、中国排名第五；在科研经费投入方面，美国仍居世界第一，中国紧随其后；美国在科技领域许多方面仍是世界领跑者。

制，充分利用全球科技创新资源，可以极大提高整个系统生产能力。“官产学研金介”科技创新生态链上不同创新主体之间协同合作，全球科技创新供给网络协同合作，相同创新主体之间、不同区域之间各种多样化、多元化协同合作，可以极大加速包括科技信息、技术贸易、技术投资、研发合作在内的各种科技资源流动、整合与优势互补，大大提高了科技创新供给质量。(3) 培养科学技术预见能力。科学技术预见能力培养是提升科技创新产出成果供给质量重要途径，尤其是对自主创新供给能力提升尤为重要。通过对社会经济领域前瞻性技术、关键共性技术进行科学预判，将有利于把握科技创新发展方向，夺得科技创新制高点，抢占发展先机，从而推动科技创新供给能力实现跨越式发展。

参考文献

[1] 周佩，章道云，姚世斌．协同创新与企业多元互动研究 [J]．管理世界，2000，(6)：181－182.

[2] 马克思恩格斯全集（第23卷）[M]．北京：人民出版社，1972.

[3] 赵志耘．以科技创新引领供给侧结构性改革 [J]．中国软科学，2016，(9)：1－6.

[4] 杨子江．科技资源内涵与外延探讨 [J]．科技管理研究，2007，(2)：213－216.

[5] 胡德龙，叶星．新发展理念视角下全要素生产率分解与测算 [J]．金融教育研究，2018，(6)：38－47.

[6] 洪银兴．科技创新与创新型经济 [J]．管理世界，2011，(7)：1－8.

[7] 杨新年，邹辉霞．科技有效供给能力论 [M]．北京：科学出版社，2006.

[8] 郑烨．创新驱动发展战略与科技创新支撑：概念辨析、关系厘清与实现路径 [J]．经济问题探索，2017，(12)：163－170.

[9] Aghion H. *Endogenous Growth Theory* [M]．北京：北京大学出版社，1998.

[10] 周叔莲，王伟光．科技创新与产业结构优化升级 [J]．管理世界，2001，(5)：70－89.

[11] Bless，H.，K. Fiedle and F. Strack. *Social Cognition*：*How Individuals Construct Social Reality* [M]. London：Psychology Press，2004.

[12] Mary O. Sullivan. The Innovative Enterprise and Corporate Governance [J]. *Cambridge Journal of Economics*，2000，(24)：393－416.

[13] 施利毅，陈秋玲．科技创新平台 [M]．北京：经济管理出版社，2017.

[14] 张云霞．科技创新与现代化进程 [M]．北京：中国社会科学出版社，2017.

[15] 滕泰，范必．供给侧改革 [M]．北京：东方出版社，2016.

[16] 滕泰．新供给主义经济学 [M]．北京：东方出版社，2017.

[17] 宋建平，郭明敏．构建山西科技创新生态系统路径研究 [J]．经济问题，2018，(9)：108.

[18] 姜庆国．中国创新生态系统的构建及评价研究 [J]．经济经纬，2018，(4)：4.

（与吴阳芬合作，原载《江西师范大学学报（哲学社会科学版）》2019 年第 2 期）

经济增长新动能培育路径与政策工具价值理念

改革开放以来，我国经济高速增长主要得益于要素驱动和投资驱动。但当前，我国庞大人口基数优势所形成的人口红利比较优势正逐渐丧失，劳动力无限供给条件不复存在，土地、自然资源破坏严重，要素驱动难以为继。“低成本、低技术、低价格、低利润、低端市场”竞争力在形成同时，也带来了“高能耗、高物耗、高排放、高污染”代价；结果造成了我国经济发展大而不强、快而不优，无法创造品牌与切实提高劳动者收入。过分依靠投资拉动所形成经济增长业已造成产能过剩、需求不足、物价上涨及产业结构与经济结构严重失衡。这种靠要素驱动与投资驱动而维系经济高速增长已经陷入穷途末路境地。目前，经济增长原有动能正处于加速衰退，新增长动能还处在孕育过程中。这种新旧动能转换新常态时期，我国经济发展迫切需要积极寻找与加速培育增长新动能，尽量缩短从资源消耗驱动、外延式增长占主导转向创新驱动、集约式增长占主导的经济发展新周期。

虽然有关我国经济增长因素研究文献不少，但主要都集中于对传统资源要素及投资、出口驱动等传统动能研究，有关经济增长新动能及其培育路径等系统地研究鲜见。时代在进步、国际国内经济发展客观条件、人类生产生活方式等也已经发生了极大改变，因此对寻求更加可持续、稳定、健康经济发展新动能研究迫在眉睫。基于此，本文重点对我国经济增长新动能培育路径及其政策工具价值理念进行剖析。

一、经济增长新动能及其培育路径

经济增长新动能培育路径以“互联网＋”与创新共同驱动为核心，以供给侧结构性改革和需求侧调控共同驱动及高端人才驱动为关键抓手，以“双创四众”驱动为支撑平台，以制度创新驱动、政府行为驱动以及新型城镇化建设驱动和绿色驱动为保障，具体如下：

（一）创新驱动

创新是引领发展第一动力，是核心发展战略，加快实现从要素驱动转向创新驱动，努力寻求在产业、平台、建设、管理、思想观念上实现突破，激发新常态下我国经济发展新动能，就要运用好创新理念，实施创新驱动发展战略、发展创新经济，加快形成以创新为主要引领和支撑经济体系发展模式。具体体现在：①强化企业主体作用，创新驱动发展要由企业家驱动发展。经由企业家发挥主观能动性，发现市场中存在未被认识、未被开发资源重新组织和配备，将创新引入市场。经济发展过程实质上也就是企业家不断开发新产品、引入新生产方式、开辟新市场、获取新原料和建立新组织结构的一个创造性破坏过程。②推进产业创新，即依靠产业创新驱动传统产业转型升级与培育壮大新兴产业，尤其要通过创新驱动推动我国制造业从产业价值链中低端向高端延伸，全面提升传统制造业产品结构、技术结构、行业结构等，实现制造业由劳动密集型、资源粗放型、低附加值型向技术密集型、集约型和高附加值型发展方式转变。同时还要大力培育创新型新兴产业，以创新产业谋求竞争优势，培育能与发达国家较量的高新技术产业链，抢占世界经济科技制高点。③积极营造有利于创新驱动制度与政策环境。建立健全明晰科研成果产权制度、收益分配制度，完善各种激励机制、协同创新机制等成为促进和激发企业创新动力。

（二）“双创四众”驱动

“双创”，即“大众创业、万众创新”，是我国经济进入新常态发展要求，是激活我国经济发展新动能，也是实现经济增长和经济转型之间平衡关键因素。“四众”，即“众创、众包、众扶、众筹”则是“互联网 +”时代推动“双创”新模式、新平台。基于互联网、大数据、云计算等信息技术全球分享经济快速增长，“双创”已蔚然成风，政府需要助力引导“双创”与“互联网 +”、“中国制造 2025”相结合，全面推进众创、积极推广众包、立体实施众扶、稳健发展众筹，让“四众”促“双创”成为驱动经济发展新动能。

通过“互联网 +”降低资源共享门槛，“四众”有效拓展了“双创”与市场资源、社会需求对接通道，成为促进“双创”落地关键。“众创”推进，搭建了企业家、专家学者、投融资专家等多方参与高校协同机制，丰富了“双创”组织形态；“众包”优化了劳动、信息、知识、技术、资本等资源配置方式；“众扶”助推各类政、产、学、研资源的共享及企业之间互助共扶；“众筹”则实现创业投资资本与创新企业、创业项目、创业者无缝对接，汇集众资促进“双创”发展，解决金融机构无法解决资金问题，拓展了社会大众广泛平等参与“双创”、共同分享改革红利和发展成果途径。因此，激发“双创四众”驱动经济发展新动能，就要加大对“四众”所提供资源保障、融资渠道、人才与技术支撑的有效利用，加强统筹协调，探索制度创新，打造协作分享新经济，让“四众”促“双创”驱动经济稳定发展。

（三）“互联网 +”驱动

当前，“互联网 +”辐射范围已涵盖制造业、电子商务、农业、环境等各个与人民生活息息相关方面，“互联网 +”已被视为国家稳增长、促改革、调结构、惠民生、防风险重要战略计划，并迅速成为经济发展新动能。以“互联网 +”为核心移动互联、3D 打印、云计算、大数据、物联网等广泛渗透到企业生产、设计、配送、销售等环节，使越来越多企业成功实现了转型升级，获取了发展新动力。“互联网 +”具体主要是加以制造业为代表传统各行各业，互联网技术强关联和强渗透效应，使传统各行各业分工更优化、结构更合理、发展更持续；尤其是借助信息通信网络技术平台实现了智能化，推动信息经济成为社会经济主体，倒逼新一轮改革，有利于我国利用后发优势实现弯道超车，最终带动产业转型升级。

“互联网 +”改变传统大量消耗自然资源经济增长模式，培育新经济增长点。信息时代背景下，“互联网 +”通过创新创造出智能制造、智能家居、绿色消费产品等一系列更加符合市场需要新产品、新服务；催生共享经济、体验经济等新模式；打造有利于“双创”的“四众”平台及内部组织扁平化和资源配置全球化现代产业体系等众多新产业、新业态、新模式，有效减少供给和需求信息不对称，推动消费升级；尤其对“三去一降一补”作用明显，为新常态下经济增长注入了新动能。

（四）供给驱动：供给侧改革

供给侧结构性改革是我们当前培育新经济结构，强化新发展动力之关键。其核心思想是降低制度性交易成本，提高全要素生产率；目的是要实现从供给、生产端入手，通过解放生产力，提高企业竞争力。我国现阶段供给侧改革主要是对企业进行重组性改革，清理僵尸企业、淘汰落后产能，并通过积极政策支持推动创新引领，将发展方向锁定新兴领域、创新领域、创造新经济增长点，使得新动能更快成长。致力于解决“三去一降一补”，并通过简政放权、放管结合，全面深化财税金融、国有企业、价格机制等方面改革，为提高供给质量激发内生动力、营造外部环境，减少无效和低端供给，扩大有效和中高端供给，增强供给结构对需求变化适应性和灵活性，提高全要素生产率。

供给侧改革强调由市场来分配生产要素，而“一带一路”是陆地、海洋两大经济动脉，因此无论是政府还是企业，如果能通过创新顺应市场规则，推进供给侧改革，则必定都能够很好把握“一带一路”机遇。供给侧结构性改革结合“一带一路”倡议，加强东、中、西部省际间产业协同发展，一方面能够发挥“一带一路”沿线国家比较优势，合理引导产业转型升级，进行产业链上下游合理布局和延伸，实现战略性产业协同发展；另一方面，通过政府引导和市场配置两种手段相结合，能够通过构建战略协调共享平台，合理引导过剩行业和僵尸企业兼并重组，化解产能过剩。

（五）需求驱动：需求侧调控

要创新发展理念从“供给侧”和“需求侧”两端发力推进结构性改革，共同催生经济发展新动能，提升改造旧动能。具体路径为：①在全面深化改革背景下，为保持经济在合理区间运行并支持供给侧改革，我国宏观调控应进一步实施适度扩张有效需求、提升需求总量政策，拉动经济增长。继续实施积极财政政策、稳健灵活货币政策用于减税降费，保持流动合理性，降低社会融资成本、增加投资，改造提升传统产业，培育壮大战略性新兴产业。此外，改善社保计划，提高医保和退休金比例等手段也有利于推进创新和扩大消费需求总量。②深挖国内需求潜力，培育新型消费，扩大传统消费，创新消费模式，开拓更大空间。基于互联网信息时代消费升级趋势，政府应致力于破除各种限制消费政策，完善基于网络物流配送、安全支付等基础设施建设，优化消费环境，切实维护消费者合法权益；寻求在知识、信息、文化、金融以及其他社会服务业创造新需求，支持发展养老、健康、家政、教育培训、文化体育等服务消费，鼓励线上线下互动，推动实体商业创新转型。积极顺应市场个性化、多样化消费需求、培育新消费热点，推进消费向着更高品质，更高质量，更高技术支撑和更好服务质量方向扩大和升级，最终实现消费驱动经济增长目的。

（六）高端人才驱动

人才是驱动创新发展实质，是建设创新型国家，实现经济增长新动能，更是我国在全球发展战略中抢占战略制高点关键。高端人才是知识和技术载体，是创新源泉，也是衡量一国经济发展速度和质量核心要素。人才是引领和驱动我国经济发展模式转型升级新动能，具体如下：①“人口红利”向“人才红利”转型。人口老龄化，信息、知识经济到来，使经济发展传统动能“人口红利”即将消失，中国亟须驱动经济发展向新动能“人才红利”转型。②“中国制造”向“中国智造”转型。我国一直是世界上最大生产、加工基地，也是世界上最大出口国，但是国际市场上由我国自主研发、生产品牌产品却寥寥无几。很显然，人才缺乏严重影响企业自主创新与整合能力，核心技术缺乏从而也制约了我国产业结构转型升级。因此，实现从“中国制造”向“中国智造”转型，关键还得靠人才驱动。③“招商引资”到“招才引智”转型。我国一直采取极其宽松招商引资政策，但却忽视人才培养、引进、激励与使用重要性，导致遭遇巨大人才外流，核心技术匮乏，经济发展大而不强现状。因此，从“招商引资”向“招才引智”转型刻不容缓。④“资源密集型”向“知识密集型”经济增长方式转型。人类赖以生存自然环境已无法承受过去我国粗放资源型经济增长方式，我国急需实现经济增长方式向以“人才驱动”为支撑知识密集型增长方式转变。因此，要加强人才集聚顶层设计，从“培、引、流、转”四个维度入手，加快构建高端人才驱动发展新机制，释放经济增长从“人口红利”向“人才红利”转型新动能。

（七）新型城镇化建设与发展驱动

新型城镇化是我国转变发展方式动力，调整经济结构战略选择；也是消费需求“倍增器”、投资需求“加速器”，是促进创新创业、深化改革综合平台。当前，要把发展新型城镇化摆在更加突出位置，推进新型城镇化倒逼产业升级与城市空间转型，更好发挥新型城镇化对补短板、调结构、促改革、惠民生、培育经济增长新动能积极作用。新型城镇化建设与发展是现代化必由之路，是我国最大内需潜力和发展动能所在，具体表现如下：①新型城镇化的核心是农民工市民化。当大量农民真正转化为市民后，生产生活方式改变将释放巨大新需求、创造新供给，形成推动我国未来经济发展新动力。这其中既有因消费水平提高、消费模式改变所形成吃、穿、住、用、行等各方面消费需求，也有因消费增加所创造工农业及公共基础设施、公共服务等城镇投资需求。②新型城镇化建设与发展的发动机是产业集聚和产业结构转型升级。一方面城镇具有交通运输、通讯设备、人力资本等方面比较优势，更有利于创新创业活动实施，及劳动力、土地、资本和创新要素高效配置，故要以产业兴城为抓手，有效推进产业集聚和产业结构转型升级。另一方面新型城镇化能有效解决“三去一降一补”改革任务，是实现供给侧结构性改革与解决我国经济结构性问题关键。③走以人为本的新型城镇化建设与发展道路。走以人为本、四步同化、城乡互动、科学布局、绿色低碳、体制机制创新道路，是符合我国国情与可持续发展科学发展观新型道路，也是打造中国经济升级版新动能。我国新型城镇化建设与发展坚持以创新、协调、绿色、开放、共享发展理念为引领，是保障和改善民生重要平台，体现公平共享、包容发展理念，有利于实现社会生产力跨越式发展。

（八）绿色驱动

通过创新驱动经济结构转型实现绿色发展，创造新发展和就业机会摆脱经济危机、提升国家竞争力已成为各国谋取占据全球制高点和领先地位共识。建立绿色低碳发展倒逼机制，大力推进生态文明建设，创新发展绿色经济、循环经济和低碳经济，培育经济发展新动能，已成为我国未来经济繁荣乃至全球经济发展的战略性选择和必然需求。具体路径如下：①大力培育绿色文化、绿色价值理念。政府应加强引导和宣传力度，将绿色发展、生态文明纳入教育体系，鼓励、引导社会组织、企业主体等积极开展生态文明建设活动，培养绿色发展主流价值观，推动生产和消费行为转型。②大力实施“双转双创”战略。要突破资源、环境等制约，实现绿色驱动经济可持续发展，要以“转型”和“创新”两大战略为抓手。着力推动经济发展方式转型和政府职能转变，重点强调制度体制机制创新和科学技术创新。“双转”是绿色发展必备基础，可以明确政府和企业在绿色经济发展中的角色与定位。一方面“双转”进一步明晰政府职能，减少对企业和市场行为干预，提高运行效率；另一方面经济发展方式转型，有利于大力推进绿色低碳产业发展、集聚，从而延长产业链，提升价值链，实现生态优势转化为经济优势，生态资本转化为发展资本绿色生产模式。创新驱动是绿色发展关键与保障。“双创”可以突破制约绿色经济发展体制机制限制，实现制度创新，能为绿色经济发展提供制度保障；企业与产业技术创新体制机制突破性改革与完善，可以释放全社会技术创新巨大潜能。③重点任务与保障措施。绿色经济发展以实现产业结构调整、推动公平与效率兼顾，实现经济社会和谐发展为重点；以健全法律法规、政策体系实施为保障措施。大力推进发展绿色农业现代化、构建绿色工业体系、创建绿色服务业体系，形成并带动一大批新兴产业，有助于推进我国产业结构调整与转型。同时还可以创造就业和内需，增加对贫困地区支持，是实现社会公平、发展成果共享，以及拉动经济增长和提升综合国力重要支撑。故完善法律法规体系建设、深化财税体制改革、实施激励绿色科技创新政策、建立区域绩效考核评价体系、加强国际合作等保障措施落实，能为绿色驱动经济发展奠定坚实基础。

（九）政府行为驱动

政府战略规划、对产业和市场发展前景预测、宏观布局等行为对整个国家经济发展具有统帅作用，政府引导行为驱动着整个国家经济运行。新常态下，我国各政府部门协调统一起总引领作用，各产业与企业是具体实施主体。这种统一规划与统一实施机制共同形成驱动经济发展新动能。我国作为世界上最大发展中国家、社会主义国家，具有集中力量办大事优势和传统。工业化实现，新一轮信息技术革命战略制高点获取，综合国力提升等靠市场自发力量是实现不了的，必须发挥我国集中力量办大事制度优势，在充分发挥企业作用同时发挥政府引导作用，通过政府制定一系列支持政策，改革不适应新兴产业发展体制机制，组织动员、集中力量推进工业化不断迈向新高度，驱动经济发展迈向新台阶。

地方政府间竞争一直是驱动我国经济增长重要动能。各地方政府官员为了政治晋升，完成各项考核指标，会展开各式各样推动当地经济增长竞争，如资本竞争、劳动力竞争、基础设施竞争、制度竞争等，以求获得上级和中央政府认可，这促成了“为增长而竞争”机制形成。在经济发展新常态时期，中央政府通过不断调整完善官员政绩考核指标体系，应适当增加培育经济新动能绩效权重等；引导各地方政府间竞争行为向社会经济结构转型升级转变，并通过一系列制度变迁和政府权力边界调整形成约束地方政府行为有效机制，如通过法律法规界定政府行为边界，使各地方政府间有序竞争成为后改革时期我国经济增长新动能。

（十）制度创新驱动

我国全面深化改革进行到现在，制度创新一直是改革核心。制度创新实际上包括了体制和机制创新，其中体制是指结构，机制是指程序。我国制度创新改革，主要致力于解决四个关系，即法治和人治关系、公平和效益关系、政府和市场关系、集权和分权关系。其中国企改革是我国基本经济制度和基本经济体制得以运行和实现核心，也是整个经济体制改革中心环节，市场化则是这一制度变迁根本方向。国企改革不仅仅是为了让国企更有效率，更重要是为了政企分开，建立现代企业制度，形成新制度、新体制和新机制的“新三制”，充分发挥市场在资源配置中决定性作用。国企改革强调要以产权制度改革为突破口，以股份制改造为重点，以体制创新为着力点，充分调动经营管理人员和广大职工积极性，焕发企业内在活力，增强企业市场竞争力。

新一轮制度创新改革为民间资本参与国企改制重组提供重要战略机遇，拓宽民间资本投资领域，有力激发民间资本投资动力，培育经济增长新动能。积极引入民间资本深化国企改革，一方面会将各种优秀经营管理理念逐步注入国企，推动国企转型升级；另一方面也为民间资本发展开拓无限发展空间，规范民间资本发展。这种各取所长、优势互补发展模式既促进了资源优化配置，也必将释放国企改革红利，迸发创新经济发展新活力。

二、中国经济增长新动能培育规划与政策工具价值理念

如何在新一轮科技革命和产业革命变革时期，加速经济增长新旧动能转换，培育经济增长新动能，需要我们在制定与选择培育经济增长新动能政策工具时，重点处理好如下几个方面关系。

（一）计划手段与市场机制间关系

处理好计划手段和市场机制关系，是我国经济体制改革和社会主义市场经济发展关键。正确认识和处理现阶段计划和市场这两种基本资源配置方式之间关

系，事关我国全面深化改革、培育经济增长新动能规划与进程，以及经济社会发展全局。现阶段，我国仍然需要强调处理好市场和计划两者间关系。全面深化改革、产业结构调整，经济增长新动能培育，必须充分利用“市场和计划”两种优势。既不能将现存诸乡有碍改革进程体制机制障碍全归结为计划带来问题，也不能认为市场完善就是计划完全退出。一方面因市场本身无法调节各种社会关系，因此政府不可完全放任市场自由发展；另一方面政府也不可过分依赖于计划手段掌控经济运行，而必须转变职能，创新行政管理方式，在行使计划手段时也要有合适时空边界，避免短期化行为和政绩工程、形象工程所造成资源浪费。改革并不是放弃计划，而是明确政府在市场经济中行为方式，使经济运行合乎国情实际与发展规律。

要驾驭好“市场与计划”双轮驱动经济增长，还必须科学全面掌握计划手段与市场机制特点，在协调好“效率与公平”“发展与民生”两对关系基础上，通过改革达到实现驱动经济持续、健康、快速发展目的。效率与公平孰轻孰重，发展与民生孰轻孰重，关键还是要适度，恰到好处。这需要我们在充分发挥市场作用同时，科学制定实施符合经济运行规律计划加以支撑，通过“计划与市场”优势互补，逐步解决公平与效率、发展与民生问题。

（二）政策目标与政策手段间关系

总体来说，我国政策目标主要是指西方经济理论中所列宏观经济政策四大目标，在当前经济发展新常态阶段，则还应包括产业结构优化。相应政策手段主要是指财政政策、货币政策、贸易政策，以及产业政策、价格政策等结构性调整政策。由于现阶段我国经济体制仍在转轨和逐步健全完善过程中，加上国内外经济形势复杂多变特点，因此实现经济发展政策目标和政策手段间关系不可能是固定不变的。尤其在当前经济发展新动能萌发及新旧动能转换时期，政策目标制定、政策手段选择与创新更要注意处理好：①短期目标、中期目标与长期目标间关系。应确保各阶段目标具有内在有机联系，注重短期、中期与长期目标衔接连续性、灵活性；充分发挥中长期目标期对短期目标导向作用，通过“相机抉择”方式运用好政策手段保障各阶段目标逐步实现。②大目标与小目标，重要目标与次要目标先后次序。目标确定及排序需要形成机制化安排，提高目标先后次序科学性，加强各目标间衔接，分清主次，循序渐进逐步实现经济均衡发展。③防止政策目标与政策手段之间错配、偏差，甚至背道而驰现象发生。重视运用不同政策手段所产生叠加或抵消效应，进一步完善政策手段之间协调搭配，并探索不同政策手段搭配所产生不同效应，形成政策调控手段与政策目标搭配机制化安排。④杜绝决策随意性、盲目性及领导人不切实际的政策好恶。明确界定政府职能，改革政府行政管理方式、强化部门间协调性，并制定必要法律与制度约束，降低决策随意性、盲目性及领导人不切实际政策好恶，保障政策执行。⑤保持政策手段科学性、稳定性、连续性、灵活性及时效性。不断健全市场体系，充分发挥市场在资源配置中决定性作用，并理顺中央与地方政府间关系，减少政策执行和传导扭曲。

（三）国企改革和民间投资关系

成功推进供给侧结构性改革，培育经济增长新动能，需要加大民间投资力度，加速国企改革，努力营造民企和国企一视同仁、公平竞争市场环境，让民企与国企能够平起平坐，能够被公平对待。在处理国企改革和民间投资关系时要注意：①坚持社会主义基本经济制度和中国特色社会主义市场经济体制以及国有经济主体地位不变，通过改革创新不断完善制度体制机制设计，重新焕发国有经济活力，释放国企改革红利。要理直气壮做强做大国企，不断增强国企活力、影响力、抗风险能力，释放国企壮大国家综合实力、保障人民共同利益改革红利。②加大力度激活民间资本，大力发展混合所有制经济。鼓励非公有资本参与国企混合所有制改革，大力发展混合所有制经济，既有效调动了各类资本发展经济积极性，又高效整合各生产要素配置，实现创新多元化、多样化方式、方法、机制及新模式。③降低民间资本准入门槛，创造公平、公正竞争环境。必须优化市场环境，抓紧建立市场准入负面清单制度、逐步推进金融改革，进一步向民间资本放开更多重点领域、垄断领域，增加民间投资机会，拓宽民间投资渠道；让国企改革和民间投资在公平竞争市场环境下优势互补、共同发展，进一步优化资源配置，实现推动经济新发展。

（四）中央政府和地方政府间关系

依法规范中央和地方政府关系，是推进我国治理体系和治理能力现代化重大改革，也是加强政府关系顶层设计、规范制度框架，实现创新驱动经济增长内生活力重要举措。在处理中央和地方政府关系时要注意：①充分发挥集权与分权优势互补作用。集权与分区混合发展是市场经济统一性与竞争性并存内在特性本质要求，社会主义市场经济中分权与集权均存在不可替代优越性，应坚持集权与分区混合发展，优势互补。②立足兼顾中央权威与地方发展差异化特色并举。坚持中央与地方利益一致性与差异性并存，适当保护地方政府自主决策与自主创新，实现中央与地方各尽所能、各得其所和互惠互利。③健全与完善中央与地方政府间财权与事权相匹配制度。坚持以事权定财权、以事定支、适度分权原则，坚持财权划分为基础、财力转移为辅助原则；合理配置中央与地方政府税种，合理界定中央与地方政府事权关系；完善相关财政管理体制、法律法规建设，为建立财权与事权相匹配制度奠定基础。④健全与规范中央和地方政府法律体系，提升政府治理能力现代化水平，提高政府运行效率。加快制定并出台《中央与地方关系法》，完善中央与地方关系法律依据，依据法律法治思维加强中央与地方政府关系顶层设计，依法推动政府职能转变，优化中央和地方政府职能结构，提高政府运行效率与治理能力现代化，有效激发政府助推经济发展内生活力。

（与吴阳芬合作，原载《中国科技财富》2016 年第 6 期）

提升东湖高新区自主创新能力的金融政策研究

一、引言

我国于2006年颁布的《国家中长期科学和技术发展规划纲要》明确提出，要把“自主创新、重点跨越、支撑发展、引领未来”作为我国未来科技发展的指导方针，自此自主创新上升为国家发展战略。2009年12月8日，国务院正式下发了《关于同意支持武汉东湖新技术产业开发区建设国家自主创新示范区的批复》，这是东湖高新区成为继北京中关村之后的第二个国家自主创新示范区，自此将东湖高新区的发展上升到国家战略的高度。为此国家出台了多项优惠措施，并伴随着企业从初生到成长的不同阶段给予扶持，鼓励东湖高新区的自主创新发展。本文将基于对东湖高新区自主创新能力现状的剖析，找出影响高新区自主创新与金融支持的瓶颈。并通过对发达国家典型金融市场支持政策的比较分析，有针对性地提出提升该高新区自主创新能力的金融支持策略。

二、相关文献回顾

早在1912年，著名经济学家熊彼特在其《经济发展理论》一书中，就提出货币、信贷和利息等金融变量对经济增长有重要影响，认为创新是经济增长最核心的因素，而创新的实质在于各种生产要素的组合[1]。此后众多经济学家开始从资本入手，关注金融对自主创新的影响。经济学家哈罗德与多马于20世纪50年代建立了著名的哈罗德－多马模型，该模型虽然进一步解释了资本积累与经济增长之间的关系，但对于资本内部各金融工具间相互组合关系对自主创新的影响，乃至对经济增长的影响，却没有进行专门的研究[2]。在内生增长模型中，对金融政策支持自主创新影响的重点集中在金融市场方面，该理论认为科学技术的广泛应用是建立在金融市场繁荣发展基础之上的[3]。时代交叠模型最早由萨缪尔森提出，旨在弥补货币经济理论缺乏微观基础的缺陷。此后史密斯利用该理论证明了金融市场效率会直接影响到技术的选择，并对一国的均衡经济增长率带来了深远影响。此后随着20世纪中期美国硅谷的兴起，风险投资成为金融支持自主创新的重要力量，使风险投资成为当今金融与自主创新领域的一个重要研究对象。

国内对金融支持自主创新的研究起步比较晚，其研究成果主要集中在以下几个方面：①国外金融政策支持自主创新的比较研究；②金融支持自主创新工具选择及组合研究；③从财税角度通过政府公共政策来指导金融支持自主创新；④通过实证研究对金融支持自主创新进行模型分析。这些研究成果一方面从理论上揭示了金融支持自主创新的一般规律，为实践应用提供了重要理论基础。另一方面，在研究过程中仍然存在一些不足，主要表现为：目前国内研究大多是基于发达国家成熟金融市场的研究成果，而我国金融市场尚待完善，因而这些先进的研究成果应用于我国实际金融运行还有待时日；②现阶段的研究成果多集中于对金融工具及其组合应用方面的微观研究，缺乏从宏观角度把握金融支持自主创新内在机理的研究。

三、东湖高新区自主创新与金融支持现状

（一）高新区内自主创新发展概况

东湖高新区成立于1988年，1991年被国务院批准为首批国家高新区之一。目前，高新区内拥有2100多家高新企业、600多家研发机构，平均每天有10项发明专利诞生。其中烽火科技近年来接连提出了3项IP网络技术标准，被国际电联批准为国际标准；长飞公司自主研发的新型光纤拉丝炉达到了世界先进水平，打破了国外技术封锁；海创电子、楚天激光开发的产品，在我国载人航天、“嫦娥一号”得到应用。高新区已经主导制定了5项国际标准、80项国家标准、110项行业标准，申请专利6300多项，专利申请量以年均40%的速度增长。2009年，东湖高新区的总产值达到2200多亿元，是1991年4.2亿元的500多倍[4]。

（二）高新区内金融支持初显成效

截至2010年，高新区上市公司数量达到29家，上市公司数量在全国89个高新区内名列前茅。这些上市公司在资本市场融资总额达到338.84亿元，形成资本市场有影响的“光谷板块”。自1997年东湖高新区首家上市公司人福医药上

市起，东湖高新区高新技术企业因其业绩的高成长性越来越受到资本市场的青睐。“十一五”期间，东湖高新区内又有12家高新技术企业成功上市。近期，东湖高新区又有华中数控、力源信息两家企业在深交所创业板挂牌上市。至此区内企业上市地包括沪深主板市场、中小企业板市场、创业板市场以及中国香港、新加坡和美国纳斯达克市场。

（三）中小企业自主创新发展与金融支持矛盾突出

截至2010年，东湖高新区累计登记企业2万多家，主要从事光电子信息、生物工程与新医药、能源与环保、现代装备制造等高新技术产业，但绝大部分是中小企业。在民营企业中，收入过亿元的企业只有40多家左右，有7000多家企业的收入在千万元以下[5]。由于企业规模小、融资难、资金有限、研发投入不足，因此创新能力薄弱，缺乏具有核心竞争力的自主研发产品和自主创新品牌，难以与国内外大企业竞争，发展举步维艰。融资困难已成为科技型中小企业面临的突出难题。

四、高新区自主创新金融约束的成因

（一）自主创新型企业自身特点约束

根据库兹涅茨、杜因等[6]提出的创新生命周期理论，一个创新产品存在从诞生、成长、衰落到被突破性技术替代的过程。根据自主创新型企业这一特点，在不同的生命周期阶段，自主创新型企业都面临着不同状况的金融约束。

在自主创新产品诞生阶段，研发阶段本身不仅需要大量资金，而且面临着因实验的不确定性所带来的巨大风险。有资料表明，在自主创新产品初步生产阶段，一项创新技术从实验室走向生产车间的成功率不到10%[7]。同时，在此阶段还要承担因技术转化所带来的生产风险与更大规模的资金投入。在自主创新企业成长阶段，企业要面临市场竞争所带来的市场风险，不仅需要将资金投入到产品本身，同样还需要在市场营销、企业管理等方面投入大量资金，以提高产品综合竞争力，对资金的需求量也更多。而到了成熟阶段，企业面临的风险虽仅来源于企业自身的经营管理，此时企业面临的风险虽小，但因规模经济需要更多的资金，因此创新型企业在自主创新的各个环节中都面临着巨大的资金压力。而高新区内绝大部分企业是处于研发阶段的中小企业，其本身就要承担巨大的创新风险。因此，整个高新区都面临着严重的金融约束。

（二）自主创新型企业外部环境约束

由于目前国内融资渠道相对比较单一，主要是银行贷款，而自主创新型企业往往具有规模小、发展时间较短、无形资产较多的特点。在面对银行贷款审批时，往往缺乏可以抵押的实物资产，这与金融机构贷款流程需要的未来还贷现金流的稳定性、未来风险的可预测性、可控性都不可避免地发生了冲突。企业创业成功，取得丰厚利润，金融贷款机构除了获取贷款本金和利息以外，再无其他激励机制；而一旦企业创业失败，金融贷款机构却要承受失败风险。在这种情况下，金融机构承担了企业自主创新的高风险，却没有分享到企业自主创新的高收益。面对收益和风险的不对等性，金融机构缺乏明确的激励机制，导致金融机构贷款积极性不高，企业面临融资难。

目前国内对公司上市融资要求比较高，而自主创新型企业大都是新兴小规模企业，距离公司上市的标准差距很大，企业很难通过债券、股票等手段取得自主创新所需资金。而且企业融资仍然是以金融贷款为主，其他融资方式诸如股票融资、债券融资、基金融资、风险投资、信用担保以及政府主导下的银企合作虽有发展，但作用十分有限。

五、自主创新金融支持的国外比较

（一）日本自主创新金融支持模式

作为一项扶持中小企业发展的政策，日本从德国引入了信用担保金融制度，并于 1937 年成立了东京信用保证协会，该协会的成立标志着日本信用担保制度的正式诞生。截至 1953 年，日本全国已近建立了 53 个信用保障协会，出资设立了金融公库，强有力地支撑了全国数以百万计的中小企业融资担保服务，成为世界上信用担保体系最完善的国家[8]。亚洲开发银行担保课题专家伊恩 · 戴维斯称赞日本的信用担保制度是世界上体系最完善、对中小企业影响最深远的信用担保制度，其中信用保障协会的作用功不可没。

在日本的信用担保体系中，政府导入也是其一大特色，中小企业金融公库便是由日本政府全额出资的，它与分布在全国 47 个都道府县和 5 个市的共计 52 家担保协会有机结合，形成了完善的信用担保体系。中央政府出资并监管金融公库，地方政府出资并监管地方企业担保协会，两者共同为中小企业提供贷款担保服务。

（二）美国自主创新金融模式

美国是世界上风险投资最发达的国家。目前，美国拥有 4000 多家风险投资机构，每年为 10000 多家高科技企业提供资金支持，仅在硅谷，美国的风险投资家就为其注入了 37 亿美元资金。硅谷内的高科技企业成功率可达 60%，而一般条件下高科技企业成功率仅为 16%。在美国风险投资总额中，硅谷占 43%，每年有近 1000 家风险投资支持的高科技企业在硅谷创业。可以，说硅谷的成功就在于“园区平台 + 风险投资”[9]。

风险投资起于英国，兴于美国，是一种向具有发展潜力的新建企业或中小企业技术创新提供资本的投资。从其运作方式来看，风险投资可以将风险家、创新成果和企业管理者有机地结合起来，形成一种利益共享与风险分担的合作模式。与传统的银行贷款规避风险相反，风险投资偏好高风险项目，以追逐高风险后面所蕴藏的高利益为目的。因此在考核企业时，风投公司更关注企业未来的发展方向和研发团队的创业精神。因此对于自主创新型企业而言，通过风险投资进行融资无疑是最佳选择。另外美国通过设立中小企业管理局，专门负责对新兴企业提供担保服务和少量直接贷款，政府采购也向中小企业倾斜。

（三）欧盟自主创新金融支持模式

据有关资料显示，在 2005 年对欧盟 15 个成员国近 3000 多家企业管理者的调查中，近 8 成企业是通过银行获得资金支持的，银行是欧洲企业最常用的融资渠道。为了改变这一局面，欧盟专门设立了政策性银行——欧洲投资银行（EIB），利用自身资金和借助资本市场为中小企业提供贷款支持，同时还为共同体以外国家提供援助。此外，欧盟还设立了欧洲投资基金（EIF），通过融资担保、股权参与等方式为中小企业提供担保。

在欧盟内部各成员国之间，也通过各种形式帮助解决企业融资难问题。英国设立了中小企业服务局，为中小企业提供咨询和信息服务；德国成立了中小企业局，隶属经济技术部，专门负责管理中小企业事务，解决中小企业融资难问题。意大利、法国相继成立了“创业板市场”，致力于为中小企业融资拓宽渠道。

六、金融支持东湖高新区自主创新的政策建议

由于金融系统具有筹资融资、资源配置、价格发现、择优筛选、信息处理、代理监控等多方面特点，因此金融对自主创新的支持作用主要体现为以下两个方面：一是创造完善的融资环境和融资渠道；二是为规避和化解创新风险提供金融

工具和制度安排。结合发达国家金融市场与金融制度对自主创新能力提升的经验，东湖高新区自主创新金融支持政策主要应从如下方面着手设计：

（一）金融融资政策

所谓金融融资政策，就是摒弃以往靠行政拨款的单一方式对高新技术企业进行补贴，转而通过市场化的融资手段来解决高新技术企业资金短缺的问题。

（1）通过创业板上市进行融资。目前高新区的上市企业只有 20 多家，同其他成熟的高新区相比，上市公司的数量较少。因此应该积极鼓励高新技术企业上市，建立企业上市协调机制，放宽企业登录创业板的准入条件。同时积极与中国证监会、中国证券业协会沟通，效仿中关村建立专属高新区的中小企业板块，进一步降低企业上市成本。

（2）支持商业银行在高新区内成立科技支行。鼓励商业银行在高新区内设立特色支行，对中小企业开展科技信用贷款、知识产权质押等特色金融服务，并对放贷银行给予一定的风险补助。同时，由政府和科研机构等第三方出面，组成项目评估团，对企业项目进行可行性评估，作出信用评级，供金融机构参考。此外还可以增加担保补偿，以此来鼓励金融机构对中小企业进行倾斜，解决中小企业在自主创新过程中面临的资金短缺问题。

（3）引入风险投资机构，丰富融资渠道。在国内，尤其是在高新区内，风险投资尚处于起步阶段，现有的风险投资机构和组织基本上都是由政府出资或由政府直接资助的。这些风投公司的投资理念更接近于银行，对技术的市场前景和团队的创业能力等考虑甚少。因此，在今后很长的一段时间内，高新区需要引进一批具有丰富投资经验的高层次金融人才，大力发展一批投资理念完善的风投公司，以丰富高新区内中小企业自主创新的融资渠道。

（二）风险规避政策

（1）在高等院校、科研院所、国有高新技术企业中，开展职务科技成果股权和分红权激励试点，对作出突出贡献的科技人员和经营管理人员，实施期权、技术入股、股权奖励、利润分红等多种形式的激励。首先对创业团队及赖以创业的技术成果，按其未来的价值进行量化，折合为若干创业股。团队里的每个成员，也要确定占股份额，并且要留出一定比例的额度给未来加入公司的核心研发人员。这便意味着创业者们一开始就明确了自己的智力投入将以股权形式得到回报，从而激励他们不断地进行自主创新。

（2）建立完善的信用担保体系。在东湖高新区内聚集了大量高等学府和科研机构，可以利用这一专业人才优势成立第三方企业评级考核机构。一方面为银行贷款提供参考，另一方面为企业信用担保评级提供依据，以减少甚至消除企业自主出创新过程中因信息不对称所造成的融资困难和障碍。由政府出面组建高新企业技术协会，为企业提供融资担保服务。同时允许产业为相关企业成立行业联盟。对联盟内企业以行会名义提供信用担保，运营资金由各企业按份额缴纳。这样与政府技术协会有机结合起来，为企业提供完善的信用担保服务。一旦创新失败，既可以分摊企业风险也可以降低金融机构贷款的风险。

参考文献

［1］熊彼特．经济发展理论［M］．北京：北京出版社，2008.

［2］哈罗德．动态经济学［M］．北京：商务印书馆，1981.

［3］希克斯．经济史理论［M］．北京：商务印书馆，1987.

［4］东湖高新区发改委．东湖高新区国民经济和社会发展第十二个五年规划纲要［R］．2010.

［5］东湖国家自主创新示范区办公室．关于建设东湖国家自主创新示范区参考资料汇编［R］．2010.

［6］杨艳丽，徐荣贞．基于企业自主创新的金融生态链优化研究［J］．河南社会科学，2008（S1）：21－22.

［7］杨大蓉．中小企业自主创新的金融支持策略研究［J］．浙江金融，2008（5）：30－31.

［8］郑立文．中小企业技术创新金融支持体系中外比较研究［J］．科学管理研究，2008，26（5）：98－101.

［9］汪友平．金融支持企业自主创新的途径［J］．现代金融，2009（2）：35.

（与刘灿辉、董晓君合作，原载《科技进步与对策》2012年第10期）